SPHINX

Jes Bertelsen

Befreiung des Bewußtseins

Durch meditative Einsicht in seine Quelle

SPHINX

Aus dem Dänischen von Karl Antz

In Dankbarkeit
für Urgyen Tulku,
den erleuchteten tibetischen Lama,
der ohne Vorbehalt
das Höchste
an einen Anfänger weitergab

Die Deutsche Bibliothek – CIP-Einheitsaufnahme
Bertelsen, Jes: Befreiung des Bewußtseins : durch meditative Einsicht in seine Quelle / Jes Bertelsen. [Aus dem Dän. von Karl Antz]. - Basel : Sphinx, 1994
Einheitssacht.: Bevidsthedens befrielse <dt.>
ISBN 3-85914-242-9

Originaltitel: Bevidsthedens Befrielse
Erschienen bei Borgen Forlag, Valby, Dänemark

Umschlagillustration und -gestaltung: Susanne Bolliger
Umschlaggrafik: Charles Huguenin
Satz: Sphinx, Basel
Herstellung: Clausen & Bosse, Leck
Printed in Germany
ISBN 3-85914-242-9

inhalt

vorwort

Das vorliegende Buch besteht aus vier Hauptteilen: einem Text, einem Kommentar, einer Dokumentation und einem Nachwort. Der kurzgefaßte Text ordnet sich in sieben Gruppen von Thesen.

Es wird kein Versuch unternommen, diese Thesen wissenschaftlich oder philosophisch zu belegen oder für sie zu argumentieren.
Der Text und sein Kommentar sind eher eine Art Führung. Die spirituellen Lehrer, die Mystiker und die Erleuchteten, behaupten, Kenntnis von den hier geschilderten Erfahrungen und Prozessen zu haben. Des weiteren behaupten Menschen, die meinen, Wissen von solchen entlegenen Landschaften der Erfahrung zu besitzen, daß diese verschiedenen Zustände und Bewußtseinsfunktionen letztlich alle zu gleicher Zeit bestehen. Sie sind – so wird behauptet – in allen Menschen vorhanden; im allgemeinen liegen sie aber im Unbewußten, und streifen sie den Sinn, so werden sie nicht bemerkt oder erkannt.
Unsere Führung ist nun aber zugleich als Reisebeschreibung gestaltet, als eine Reihe von möglichen Prozessen und Erfahrungen, die in einer phänomenologisch gesehen natürlichen Ordnung aufeinander folgen. Beide Anschauungen sind sicherlich berechtigt: eine Darstellung von gleichzeitig bestehenden Aspekten – oder eine Führung durch aufeinanderfolgende Stadien.

Dieses Werk in Form eines Textes und eines Kommentars erinnert durch diese (bewußt vorgenommene) Strukturierung an das bereits erschienene Buch *Höheres Bewußtsein*.
Der Text ist das Ergebnis fast zwanzigjähriger täglicher, konsequent durchgeführter meditativer Übung des Bewußtseins, kombiniert mit fünfzehnjähriger Unterrichtserfahrung in hochintensiven Formen des Gebets und der Meditation.
Diese Schrift unterscheidet sich jedoch auch in manchen Punkten

vom bereits vorliegenden Buch. Sie enthält wesentlich mehr Einzelheiten, und sie konzentriert ihr ganzes Gewicht auf zwei Aspekte: das Phänomen der Transmission und den nondualen Bewußtseinszustand.
Transmission ist ein technischer Fachausdruck, der ein waches Verschmelzen eines höheren erleuchteten Bewußtseins mit einem normalen Bewußtsein bedeutet. Transmission ist das zentrale pädagogische Anliegen in einem meditativen Prozeß, der danach strebt, das normale Bewußtsein soweit zu entwickeln, daß es die höhere nonduale Bewußtseinsfunktion entdeckt.
Der zweite Aspekt ist dieser nonduale Bewußtseinszustand selbst – welcher wiederum ein technischer Ausdruck für das mystische Erlebnis oder die erleuchtete Bewußtseinsfunktion ist.

Der einleitende Text ist äußerst komprimiert. Im nachfolgenden Kommentar wird aber jeder seiner Punkte erklärt und entfaltet.
Das menschliche Bewußtsein birgt in sich die Möglichkeit zahlloser Modifikationen und Zustände. Es gleicht einem gewaltigen Labyrinth mit tausenden von Türen. Jeder dieser Eingänge führt zu einem besonderen Zustand oder einer besonderen Ebene des Bewußtseins. Es gibt persönliche und transpersönliche Zustände; astrale und energetische Ebenen; trancehafte und ekstatische Zustände; hohe und tiefe, klare und unklare.
Unter all diesen tausenden von Türen führt aber nur eine einzige zu einem echten nondualen Zustand des Bewußtseins. Das Ziel einer hochentwickelten Form des Gebetes oder der Meditation ist nun, gerade die eine unscheinbare Tür zu finden, die den Weg zum eigentlichen Wesen des Bewußtseins öffnet: dem erleuchteten Einheitsbewußtsein oder der nondualen Funktion des Bewußtseins.
Grundsätzlich ist es möglich, diesen Weg allein zu finden; das hat zum Beispiel Meister Eckehart getan. Die meisten Menschen dieser Erde, die authentisch einen Zugang zur Quelle des Bewußtseins erreichten, fanden aber in ihrer spirituellen Suche Hilfe bei Lehrmeistern; so auch der Verfasser der vorliegenden Schrift, wie ja bereits die Widmung andeutet.
Letztlich geht es in diesem Buch darum, aufzuzeigen, wo man su-

chen muß und in welche Richtung man blicken soll, wenn man die Tür zur nondualen Quelle des Bewußtseins finden will.
Darum ist meine Hoffnung, daß es Menschen in ihrer spirituellen Suche zu inspirieren vermag, wo immer sie sich auf ihrem jeweiligen Wege auch befinden mögen; und daß es dieser Suche größere Genauigkeit verleihen kann.

Eine Reihe von Menschen waren auf verschiedene Weise bei der Anfertigung dieser Schrift behilflich. Ihnen allen möchte ich meinen Dank aussprechen.

1. Das gewöhnliche Bewußtsein

1.1. Das gewöhnliche Bewußtsein ist dual: das Bewußtsein des Ich trennt, teilt auf und ist sprachlich (Gedanken, Bilder, Symbole).

1.2. Für das gewöhnliche Bewußtsein ist die Quelle des Bewußtseins verborgen.

1.3. Das Ich–Bewußtsein wird aufrechterhalten und funktioniert, indem es sich von seiner Quelle abwendet und in einem Verhältnis zur aufgeteilten inneren oder äußeren Wirklichkeit steht.

1.4. Das Bewußtsein ist ein Strom.

1.5. Der Bewußtseinsstrom strebt nach Glück, Wahrheit, Erlösung oder Befreiung.

1.6. Wenn Glück, Wahrheit, Erlösung oder Befreiung eine Ganzheit sind, so kann das gewöhnliche, aufteilende Bewußtsein diesen Zustand nicht erreichen.

1.7. Das aufteilende und aufgeteilte Bewußtsein des Ich muß seine Zustandsform ändern und ganzheitlich werden, um das zu finden, wonach es sucht.

1.8. Der Weg vom aufteilenden Bewußtsein zum Bewußtsein der Einheit führt durch die Quelle des Bewußtseins. Diese Quelle ist verborgen.

1.9. Soll die Quelle des Bewußtseins gefunden werden, so muß eine entscheidende Bedingung erfüllt sein: das Bewußtsein muß zur Ruhe kommen und still werden.

1.10. Bedingungen dafür, daß das Bewußtsein zur Ruhe kommt, sind: ausreichende Entfaltung des Ich, Selbsteinsicht, Ausgeglichenheit und existentielles Sattsein.

1.11. Ein Bewußtsein, das zur Ruhe kommt, vermag sich der Grenze des dualen Bewußtseins zu nähern.

2. Die Grenze des gewöhnlichen Bewußtseins

2.1. Das gewöhnliche Bewußtsein hält sich in seinen vielfältigen Inhalten auf.

2.2. Die Grenze des dualen Bewußtseins wird erreicht, wenn die Vielfalt des Bewußtseins – und somit der inneren und der äußeren Wirklichkeit – sich in einem einzigen Gegenstand sammelt.

2.3. Die Grenze ist dort, wo der beobachtende Pol des Bewußtseins einem alles umfassenden beobachteten Pol gegenübersteht: der Vielfalt der Gegenstände und Inhalte, gesammelt in einem einzigen Gegenstand oder Zustand.

2.4. Das einzige, letzte und alles umfassende Objekt des sich gleichzeitig selbst beobachtenden Bewußtseins läßt sich beschreiben als Licht, als Seligkeit; als Liebe; als Sein oder als Leere.

2.5. Diese duale Situation (beispielsweise daß sich das Bewußtsein in überwältigendem Maße und ausschließlich des Lichtes oder der Liebe bewußt ist) ist die letzte mögliche vor dem Zusammenbruch des gewöhnlichen Bewußtseins und seiner Verwandlung zu transdualem Einheitsbewußtsein.

3. Der Übergang

3.1. Der Übergang von dualem zu transdualem Bewußtsein kann nicht durch das normale Bewußtsein geschehen.

3.2. Die Verwandlung des Übergangs geschieht durch einen externen Faktor.

3.3. Der fremde Impuls setzt erst in dem Augenblick ein, da das gewöhnliche Bewußtsein seine Funktion einstellt und sich selber aufgibt.

3.4. Das Neue, Andere, Fremde tritt entweder durch einen konkreten Menschen hervor, der bereits die nonduale Funktion des Bewußtseins besitzt, oder aber direkt aus dem nondualen Bewußtsein: durch visionäre Transmission, durch innere Initiation; aus dem Bereich des Göttlichen.

4. Bewußtseinstransmission

4.1. Der Übergang von der gewöhnlichen dualen Bewußtseinsfunktion zu transdualem höherem Bewußtsein erfolgt in einer direkten Bewußtseinstransmission.

4.2. Die Transmission enthüllt die Quelle und weist auf sie hin.

4.3. Die Transmission des höheren Bewußtseins erfolgt durch Vereinigung mit einem bereits verwirklichten höheren Bewußtsein.

4.4. Die Transmission des höheren Bewußtseins findet durch die Quelle des Bewußtseins hindurch statt.

4.5. Das gewöhnliche duale Ich–Bewußtsein wird in seine eigene nonduale Bewußtseinsfunktion verwandelt durch seinen Zusammenbruch im Augenblick der Transmission.

4.6. Das transduale Bewußtsein bricht zunächst in augenblickhaften Blitzen (Illumination, Satori) durch, dann in kürzeren Zuständen (Ekstase, Samadhi).

5. Die Übungspraxis des stillen Bewußtseins

5.1. Der Weg des Bewußtseins zur Quelle läßt sich nach der Transmission und Wiedererkennung der Quelle auf genau dieselbe Weise üben wie vorher.

5.2. Die meditative Übungspraxis in die Quelle hinein besteht in tiefer Entspannung und aufmerksamer Offenheit.

5.3. Das ruhige und stille Bewußtsein läßt die Sprache und alle anderen Bezugsrahmen los.

5.4. Klarheit, Erweiterung, Nicht–Handeln.

5.5. Wenn die überwältigenden letzten dualen Erfahrungen eintreten und das Bewußtsein wieder und wieder durch sie gesättigt wird, übt es sich darin, allmählich auch von diesen ultimativen Erfahrungen loszulassen.

5.6. Die Gedanken werden losgelassen. Die Leere wird losgelassen. Seligkeit und das Festhalten an der Seligkeit werden losgelassen. Das Verlangen nach Erlebnissen wird losgelassen; Anstrengung wird losgelassen.

5.7. Das Bewußtsein sinkt in die Quelle hinab. Das Bewußtsein erweitert sich und wird eins mit der Unermeßlichkeit.

5.8 Das Bewußtsein ist durch meditative Einsicht in die Quelle des Bewußtseins wieder frei geworden.

6. *Die Übungspraxis des bewegten Bewußtseins*

6.1. Existentielle Übung und Praxis nach der Transmission von Wissen um die Quelle besteht darin, das Bewußtsein wieder und wieder in die Quelle zu tauchen; tagsüber so oft wie möglich das höhere Bewußtsein zu reaktualisieren.

6.2. Die Energie, die sich in Gedanken, Gefühlen, Bildern, in Sexualität oder Willen ausdrückt, entspringt dem höheren Bewußtsein, das eben die Quelle des Bewußtseins und des Lebensprozesses ist. Das höhere Bewußtsein ist die Quelle des Unbewußten.

6.3. Ist das höhere Bewußtsein gefunden und die Quelle folglich bekannt, so lassen sich Gedanken, Affekte, Begehren und Bilder auflösen und in die Quelle zurückführen, der sie entstammen; das geschieht, indem das Bewußtsein – gleichzeitig mit dem Gedanken, dem Affekt, dem Begehren, dem Bild – in die Quelle eintaucht.

6.4. Das gewöhnliche duale Bewußtsein wird befreit durch meditative Einsicht in die Quelle des Bewußtseins: das höhere transduale Bewußtsein.

6.5. Die Befreiung des Bewußtseins bedeutet dasselbe wie die Selbstverwandlung des gewöhnlichen Bewußtseins zu höherem Bewußtsein.

7. *Höheres Bewußtsein*

7.1. Die Quelle des Bewußtseins gründet sich durchsichtig in den erleuchteten Meisterfeldern.

7.2. Das gewöhnliche Bewußtsein ist somit letztendlich das höhere Bewußtsein.

7.3. Und das höhere Bewußtsein ist in seinem innersten Wesen das erleuchtete Einheitsbewußtsein.

7.4. Ganz gewöhnliches Bewußtsein ist daher im Grunde göttlich.

kommentar

1. Das gewöhnliche Bewußtsein

1.1. Das gewöhnliche Bewußtsein ist dual: das Bewußtsein des Ich trennt, teilt auf und ist sprachlich (Gedanken, Bilder, Symbole).

Das gewöhnliche Bewußtsein ist die Form der Bewußtheit, in der wir Menschen uns fast alle während der meisten wachen Stunden befinden. Kaum daß wir es eigentlich merken, so selbstverständlich und bekannt ist es uns. Ob ein Fisch wohl das Wasser bemerkt? Erst wenn er das Meer verläßt, entdeckt er, was das eigentlich war.
Dennoch läßt sich das gewöhnliche Bewußtsein verschiedentlich beschreiben – und zwar so, daß wir es wiedererkennen, obwohl wir es im allgemeinen für eine Selbstverständlichkeit halten.
Das Bewußtsein ist allgemeinmenschlich. Es hat ein Zentrum; anders ausgedrückt: jeder Mensch ist und hat einen Referenzpunkt: das Ich. Und das Bewußtsein teilt auf. Es trennt großes von kleinem, außen von innen, oben von unten. Es trennt, wie es atmet: logisch analysierend: *Ich* unterscheidet sich von *Nicht-Ich*; emotional wertend: der eine ist sympathisch, der andere nicht. Ästhetisches wird unterschieden und eingeteilt; im ethischen Bereich trennt man das Gute, Helle vom Dunklen, Bösen. Religiös unterscheidet man zwischen den Erlösten und den Verdammten. Die Sexualität trennt uns geschlechtlich.
Die innere Wirklichkeit wird aufgeteilt – in Gefühle und Affekte, Gedanken und Empfindungen, Ahnungen und Intuitionen. Die einzelnen Gefühle werden aufgeteilt: Liebe und Haß, Lust und Schmerz. Und die äußere Wirklichkeit trennt und teilt auf: der Sehende steht dem gegenüber, was er sieht; der Hörende dem Gehörten; der Redende seinen Worten.
Um überhaupt wirken zu können, teilt das gewöhnliche Bewußtsein die Welt in zwei Pole: Subjekt gegenüber Objekt, Ich gegenüber Du. Das Bewußtsein ist dual.

Eng verknüpft mit diesen Aspekten des Bewußtseins ist das Phänomen der Sprache. Das gewöhnliche Bewußtsein wirkt durch die Sprache. Sprache – das sind ja nicht nur Wörter und Sätze; Sprache ist Musik, Mathematik, Mythen, Archetypen, Symbole, Zeichen ... Die Sprache und das gewöhnliche Bewußtsein unterstützen einander. Fiele alle Sprachlichkeit auch nur eine Generation lang ins Schweigen: es wäre kaum denkbar, daß das gewöhnliche Ich-Bewußtsein bewahrt bleiben könnte. Was diese Bewußtseinsform herstellt und bewahrt, ist die lebende Sprache zwischen Mutter und Kind und zwischen den Menschen untereinander.
Ein Kind erlernt das Ich-Bewußtsein durch die Sprache. Während seiner ersten Lebensjahre wird diese Bewußtseinsform von den Eltern an das Kind weitergegeben. Das ist ein faszinierendes lebendes Mysterium.
Das Ich-Bewußtsein lebt durch die Sprache und in ihr. Die Verbindung zwischen Sprache und Bewußtsein ist so intim, daß die meisten Menschen, und die Philosophen mit ihnen, gar nicht entdecken, daß das Bewußtsein möglicherweise ebensogut außerhalb der Sprache wirken kann. Wovon man nicht reden kann, darüber muß man schweigen, sagt der Sprachphilosoph Wittgenstein. Und das scheint ja über jeden Zweifel erhaben. Es könnte nun aber durchaus so sein, daß das, was sich in der Dimension des Schweigens befindet, ins Bewußtsein dringt. Vielleicht enthält, was grundsätzlich jenseits der Sprache liegt, gar Klarheit und Kraft von ganz anderer Qualität als alles, was sich sprachlich ausdrücken läßt.
Trennung und Unterscheidung ist also eine Grundeigenschaft des gewöhnlichen Bewußtseins. Wir können es noch drastischer sagen und behaupten, daß Unterscheidung eine lebensnotwendige Bedingung für das Ich und sein Bewußtsein ist. Trennt das Ich nicht Inneres von Äußerem, sich selbst von anderen, Brennpunkt von Peripherie und Figur von Hintergrund, so fällt es in Schlaf, stirbt oder wird auf andere Weise aufgehoben.
Das gewöhnliche Ich-Bewußtsein teilt auf, ist dual und lebt in der Sprache und durch diese.

1.2. Für das gewöhnliche Bewußtsein ist die Quelle des Bewußtseins verborgen.

Will jemand das Bewußtsein erforschen, so könnte er beispielsweise damit beginnen, daß er untersucht, ob sich die Frage nach der Quelle des Bewußtseins überhaupt auf sinnvolle Weise stellen läßt: Hat das Bewußtsein eine Quelle? Ist es fruchtbar, diese Frage zu stellen?

Sicher ist, daß Mystiker aller Traditionen immer wieder so gefragt haben. Die Frage kann die verschiedensten Formen annehmen: Wo kommen die Gedanken her? Wie entstehen sie? Wohin verschwinden sie, wenn sie den Brennpunkt des Bewußtseins verlassen?

Der erleuchtete indische Meister Ramana Maharshi wendete die Frage nach dem eigenen Ich als die wesentliche Technik der Meditation an. Wenn er andere in Meditation unterrichtete, benutzte er sie wie ein nahezu universelles Koan: Wer bin ich? – diese Frage führt das Bewußtsein in die Richtung seiner Quelle.

Die Frage nach der Quelle des Bewußtseins, der Gedanken und des Ich läßt sich intellektuell–philosophisch stellen oder meditativ-existentiell.

Immanuel Kant fragte als Philosoph: Wie viele verschiedene Arten von Gedanken existieren? Gibt es eine endliche oder eine unendliche Zahl von verschiedenen Gedankenformen? Er kam zu dem Ergebnis, daß das Bewußtsein oder das Denken sich durch eine endliche Anzahl verschiedener Formen bewegt, nämlich die zwölf Kategorien. Jeglicher Bewußtseinsinhalt wird durch diese zwölf Kategorien geformt. Darauf stellte Kant sich die bedeutungsschwere Frage: Woher kommen diese zwölf Urformen des Denkens und des Bewußtseins?

Ramana Maharshi stellte wie alle Mystiker die Frage mit Leib und Leben. Die Mystiker suchten und fragten mit Fleisch und Blut, mit Geist und Seele. Die Philosophen suchen vielleicht mehr mit dem Verstand; die Dichter dagegen mehr mit dem Herzen. Die mystische Suche nach der Quelle des Lebens und des Bewußtseins kommt aus beidem: aus Herz und Verstand. Die mystisch–meditative Suche setzt ihre eigene Existenz ein.

Die Grundfrage nach der Quelle kann noch viele andere Formen annehmen.
Woher kommt das Leben nach dem evolutionsgeschichtlichen darwinistischen Verständnis? Oder eher kosmogonisch-wissenschaftlich gefragt: Wie entstand das Universum, woher kommt die gesamte physische Welt mit ihren Atomen und Sternen? Hat sie einen zyklischen Verlauf, oder entstand sie aus einem Urknall? Ist letzteres der Fall, was existierte dann vor diesem Ereignis? Woher kommen Raum und Zeit? Bestehen sie seit je? Gab es sie vor der Entstehung der Welt? Wie Augustinus in seinen Bekenntnissen sagte: – Gibt es überhaupt einen Sinn, nach der Zeit vor der Erschaffung zu fragen?
Oder lassen sich derartige Fragen nach der ganzen Welt, nach der Ursachenverkettung und allen Teilen der unbedingten Entstehung des Alls überhaupt beantworten? Sind es, wie Kant bemerkte, eher regulative Ideen als Fragen, die sich beantworten lassen? Ist die Tatsache, daß die möglichen Antworten antinomisch oder paradox sind, Ausdruck dafür, daß diese Fragen eine regulative Funktion haben?
Ob sich die Frage nach der Quelle des Bewußtseins nun stellen und beantworten läßt oder nicht – es ist eine Tatsache, daß sie immer wieder auftaucht und immer gestellt wird.
Und die Quelle, nach der gefragt wird, bleibt, ob nach langer Suche oder unmittelbar, stets verborgen.
Diese Frage entsteht eher aus dem Gefühl heraus, daß das Bewußtsein und sein Wesen ein Rätsel ist, ein Mysterium. Im Innersten des Bewußtseins verbirgt sich ein Geheimnis. Seine Quelle scheint das Versprechen eines Schlüssels, eines endgültigen Verstehens zu enthalten.
Es gibt eine Sehnsucht danach, zu verstehen. Ein Bedürfnis, zu begreifen, wer man ist und was Bewußtsein und Welt sind.
Manche suchen die Antwort dichterisch, andere wissenschaftlich. Es wird philosophisch oder meditativ–existentiell gesucht. Der eine sucht religiös, der andere im Leben. Sicherlich sind alle diese Arten der Suche berechtigt. Unser Kernpunkt ist hier die meditativ–existentielle Form dieser allgemeinmenschlichen Suche nach der verborgenen Quelle.

Weil das Bewußtsein seine Quelle sucht, und solange es sie sucht, ist sie verborgen.
Kinder suchen nicht nach der Quelle. Sie leben unmittelbar aus ihr. Und dieses spontane unmittelbare Leben gleicht in vielem dem Leben, das besteht, wenn die Quelle gefunden ist und jegliche Suche allmählich aufhört.
Ein Säugling oder ein anderer aus dem Unmittelbaren lebender Mensch lebt in der Quelle, ist unbewußt im Jetzt gegenwärtig. Derjenige, der die Quelle des Bewußtseins gefunden hat und in ihr lebt, ist bewußt im Jetzt gegenwärtig. Diese Zustände gleichen sich einerseits und sind andererseits doch gravierend unterschiedlich.
Ein fragender, suchender und strebender Mensch hat die ruhige und spontane Gegenwart verloren. Für das gewöhnliche Bewußtsein ist seine Quelle verborgen. Und daraus entsteht Unruhe. Daher kommen seine Äußerlichkeit, sein Suchen und Planen, all seine rastlos schaffende und zerstörende Bewegung.

1.3. Das Ich–Bewußtsein wird aufrechterhalten und funktioniert, indem es sich von seiner Quelle abwendet und in einem Verhältnis zur aufgeteilten inneren oder äußeren Wirklichkeit steht.

Vergleichen wir das Ich–Bewußtsein samt seinem Inhalt mit den Strahlen der Sonne, so wird die Quelle des Bewußtseins die Sonne sein. Befindet sich die Energie innerhalb der Sonne, so gibt es keine Strahlen. Diese existieren nur in ihrer Reise aus der Sonne hinaus, von dem Augenblick an, da die Photonen freigesetzt und aus der Sonne katapultiert werden. Hätte ein Sonnenstrahl in unserem Bild nun die Idee, er wolle in die Sonne zurückreisen und untersuchen, woher er komme, so müßte dieser Strahl, sollte sein Vorhaben gelingen, seine Existenz als Strahl aufgeben. Er fiele in seine Quelle zurück und würde seine Zustands- oder Erscheinungsform ändern.
Dies ist natürlich ein Bild. Wir befassen uns nicht mit der Sonne und mit der Wissenschaft über sie, sondern versuchen nur bildhaft etwas über das Bewußtsein auszusagen.
Die Wissenschaft der Astronomie kennt die Hypothese der Schwar-

zen Löcher. Ein solches Schwarzes Loch, so lautet die These, ist ein Stern, eine Sonne, deren Lebensprozeß ein Spätstadium erreicht hat. Sie ist nun so dicht und schwer geworden, daß all ihre Energie einwärts fällt; dadurch wird dieser Stern immer kleiner und dichter. Der Begriff des Schwarzen Loches bezeichnet also eine Situation von größter Schwerkraft innerhalb des Sterns, so daß sich Partikel und Strahlen nicht mehr aus der Masse befreien können. Die Sonne strahlt nun nicht mehr nach außen. Sie wendet sich sozusagen gänzlich nach innen. Fällt die leuchtende, strahlende, Photonen verbreitende wache Sonne in Schlaf, wird sie zu einem Schwarzen Loch. Oder ein Schwarzes Loch mag eine tote Sonne sein.

Das Ich–Bewußtsein ist eine Streuung, eine Ausstrahlung von Gedanken, Gefühlen, Bildern, Handlungen, Erwartungen, Projekten, Sorgen und Bekümmerungen, Erinnerungen und Ideen. Es mag der Strahlung der Sonne entsprechen: immer unterwegs, lebensspendend, doch auch zerstörerisch; voll von Geburten und Kriegen, Schönheit und Gewalt, Alltag und Fest, außen und innen.

Dem Sonnenstrahl und dem Ich–Bewußtsein ist gemeinsam, daß beide im Ausgeworfensein aus ihrer Quelle existieren. Die Abwendung von dieser Quelle ist die Grundbedingung dafür, daß das gewöhnliches Bewußtsein, ähnlich dem Strahl, überhaupt in seiner Form existieren kann. Seine Quelle ist prinzipiell hinter ihm selbst, ihm verborgen.

Eben darum haben Mystiker und spirituelle Lehrer aller Zeiten und Traditionen immer behauptet, daß das Ich sterben muß, wenn der Mensch seine göttliche Quelle finden soll. Diese allgemein bekannte Aussage bedeutet: soll das gewöhnliche Bewußtsein, und das bedeutet das Ich, seine Quelle finden, so muß dieses Ich–Bewußtsein die Grundfunktion aufgeben, die sein Wesen definiert und ausmacht. Der Strahl muß seine Reise von der Sonne weg beenden und umkehren. Tut er das, so wird er die Sonne sehen. Das Bewußtsein erblickt seine Quelle. Strebt das gewöhnliche Bewußtsein danach, mit seiner Quelle eins zu werden, so muß es seine Funktionsweise grundlegend ändern.

Das gewöhnliche Bewußtsein kennt drei Zustandsformen: Wachheit, Schlaf und Traum. Im allgemeinen weiß ein Mensch nicht, daß er

träumt, während er träumt. Und nur ganz selten weiß ein Mensch während des tiefen, traumlosen Schlafes von diesem Schlaf.
Traum und Schlaf werden normalerweise erst im Nachhinein bewußt. Ist das Bewußtsein wieder wach, erinnert es sich an Schlaf und Traum. Im Traum besteht – ebenso wie im Zustand der Wachheit – ein Ich, das eben Traum–Ich genannt wird. Nach Meinung der meisten Menschen gibt es im tiefen, traumlosen Schlaf kein Ich.
Die westlichen Tiefenpsychologen haben die sympathische Hypothese aufgestellt, daß die Quelle des Bewußtseins das Unbewußte sei oder daß sie sich in diesem befinde. Im Osten ging man davon aus, daß das Bewußtsein im tiefen Schlaf und im Tod in seine Quelle zurückkehre.
Was man nun auch von solchen Vorstellungen halten mag – eines scheint sicher: die Hypothesen bauen auf Einteilungen auf, die ihren Grund in der Funktion des dualen Bewußtseins haben. Wachheit unterscheidet sich von Schlaf; Schlaf ist in Traum und Traumlosigkeit aufgeteilt; Leben ist anders als Tod; das Bewußtsein unterscheidet sich von seiner Quelle. All das sind duale Unterscheidungen. Es ist das Ich–Bewußtsein in Funktion.
Beginnt ein Mensch damit, das Bewußtsein und seine Quelle existentiell-meditativ zu untersuchen, so wird er folgendes erfahren: wendet sich das Bewußtsein einwärts in sein Wesen hinein, um nach seiner verborgenen Quelle zu suchen, so wird es entweder in Schlaf fallen oder auf einen trägen und so gut wie unüberwindlichen Widerstand stoßen. In jedem Fall wird der Prozeß gehemmt oder unterbrochen. Sucht das Bewußtsein nach innen, nach seiner Quelle, so tritt Widerstand ein: Schläfrigkeit oder Schlaf; Traumbilder; Zerstreutheit, Ruhelosigkeit; heftige Aktivität der Gedanken, Angst, Zorn, körperliche Unruhe, Erinnerungen, Pläne, Assoziationen – Lärm. Alle meditierenden, suchenden und betenden Menschen haben bis zum Überfluß solche Erfahrungen gemacht.
Das Ich reagiert auf Bestrebungen, die seine Grundfunktion bedrohen. Sucht es nach seiner Quelle, so ist es bedroht – und beschützt sich. Denn es lebt und wirkt, indem es sich systematisch und grundsätzlich von seiner eigenen Quelle und vom Bewußtsein selbst wegbewegt.

1.4. Das Bewußtsein ist ein Strom.

So erlebt sich offensichtlich das gewöhnliche Bewußtsein. Und so haben Dichter und Philosophen es über mehrere Jahrtausende beschrieben. Heraklit setzte diese Erkenntnis als Grundstein seines philosophischen Systems: alles fließt (panta rei); niemand kann zweimal in den selben Fluß hinabsteigen – denn weder Fluß noch Person sind sich noch gleich.

James Joyce greift diesen Gedanken nach annähernd zweitausend Jahren wieder auf: der Verstand ist eine Röhre, durch die die Welt fließt.

Gedanken, Bilder, Sinneseindrücke, Ideen und Assoziationen strömen beständig in rascher Folge durch den Sinn. Und dennoch scheint die Vorstellung oder das Gefühl des Ich Kontinuität zu besitzen. Manch einer verneint aufgrund empirischer Skepsis diese konstante Ich–Identität. Hume zum Beispiel analysiert das Bewußtsein und sucht vergeblich nach einem lebenslangen, stets sich selber gleichen Eindruck, der als Erfahrungsgrundlage für die Idee des Ich dienen könnte. Er entdeckt nur Bewegung, nichts, das konstant wäre; daher nimmt er eine skeptische und abweisende Haltung gegenüber der Idee eines unbeweglichen und andauernden Ich ein. Hume beschreibt die Wirklichkeit, die das Bewußtsein in seiner Suche nach dem roten Faden des Ich erfährt: «Nichts als ein Bündel oder eine Ansammlung verschiedener Beobachtungen, die mit unfaßbarer Schnelle aufeinander folgen und sich in andauernder Bewegung und Flux befinden».

Man kann also am Erlebnis des Strömens festhalten und den Akzent nicht auf das Bewußtsein als solches setzen, sondern auf seine Eigenschaft als Strom.

Man kann aber auch wie Kant und nach ihm Schopenhauer das Gewicht auf das Bewußtsein legen und den Versuch machen, das Erlebnis eines beständigen, gesammelten Ich zu erklären.

Kant beschreibt das Ich als die Form des Bewußtseins. Die Bedingung für die Existenz und Gegenwart des Bewußtseins ist seine Sammlung in einer einzigen transzendentalen, erfahrungsbedingenden Form: eben dem Ich. Jeder Gedanke, jedes Gefühl, alle Empfindung, Erfahrung, Idee, Phantasie, Erinnerung oder Assoziation muß

grundsätzlich von einem «Ich denke» begleitet werden können. Alles, was durch die Röhre des Sinnes strömt, fließt notwendig an ein und demselben Punkt vorbei. Dieser konstante Punkt ist das Ich, die Form des Bewußtseins, die Einheit der transzendentalen Apperzeption: die erfahrungsbedingende Einheit des Selbstbewußtseins, deren Ausdruck das Ich ist («Das ‹ICH DENKE› muß alle meine Vorstellungen begleiten können.»)
Kant meint Humes Skepsis durch den Nachweis überwinden zu können, daß die Konstanz des Ich nicht auf irgendeiner Form von Eindrücken oder Empfindungen beruht, seien sie nun äußerer oder innerer Art. Das Ich ist im Gegenteil die Bedingung für die Fähigkeit, unterschiedliche Empfindungen oder Eindrücke überhaupt zu haben, zu sammeln und zu registrieren.
Jedoch, so sagt Kant, kann das Ich an sich selbst nicht als solches erkannt werden. Es entzieht sich aller Erkenntnis; denn alles, was ich benötige, um das Ich überhaupt zu erkennen – sei es nun das Bewußtsein, seien es Gedanken, Begriffe, Kategorien oder Eindrücke – alles dies setzt schon das Ich voraus. Das Ich in sich selbst ist nicht ein erkennbares Phänomen: es ist ein unerkennbares Noumenon, das nur Gegenstand einer intellektuellen Anschauung sein könnte; diese aber, sagt Kant, ist uns nicht möglich («und wir [...] keine Kenntnis von dem Subjekte an sich selbst haben»; siehe auch KdrV B 308, 589).
Man kann mit Hume und Heraklit das Gewicht auf den Inhalt des Bewußtseins legen und auf sein Strömen verweisen. Der Sinn ist in ewiger Unruhe. Alles ändert sich.
Oder aber man kann mit Kant den Akzent auf die Form des Bewußtseins legen und somit das Ich retten; gleichzeitig macht man es aber zu einem prinzipiell unlösbaren und unerkennbaren Rätsel.
Schopenhauer verfolgt die Konstanz des Ich in das Unbewußte hinein, in die blinde Triebkraft des Lebensprozesses: den Lebenswillen. Er gibt sich nicht damit zufrieden, daß Kant das Ich zu einem nicht erkennbaren Geheimnis machte. Daher versucht er nachzuweisen, daß das Konstante, auf welches das Wort Ich hinweist, in Wirklichkeit der rote Faden des Lebenswillens ist.
«Kants ‹Das «ICH DENKE» muss alle meine Vorstellungen begleiten› ist unzureichend; denn das Ich ist eine unbekannte Grösse, d.h.

sich selber ein Geheimniss. – Das, was dem Bewusstseyn Einheit und Zusammenhang giebt, indem es, durchgehend durch dessen sämtliche Vorstellungen, seine Unterlage, sein bleibender Träger ist, kann nicht selbst durch das Bewusstseyn bedingt, mithin keine Vorstellung seyn: vielmehr muss es das Prius des Bewusstseyns und die Wurzel des Baumes seyn, davon jenes die Frucht ist. Dieses, sage ich, ist der Wille: er allein ist unwandelbar und schlechthin identisch, und hat, zu seinen Zwecken, das Bewusstseyn hervorgebracht.»

Schopenhauers Wille wird als eine Urkraft dargestellt, die sich in den bewußten wie auch den unbewußten Funktionen entfaltet (Siehe auch Schopenhauer 2, S. 232). Letztlich gründet sich der Wille im grundsätzlich Unerkennbaren, in dem, was Kant das *Ding an sich* nannte: «Unser Innerer [Wille] hingegen hat seine Wurzel in dem, was nicht mehr Erscheinung, sondern Ding an sich ist.»

Die sich der Erkenntnis entziehende unbewußte Tiefe des Willens wird endlich als Bewußtseinsform des Schlafes beschrieben, als das kollektive Unbewußte. «Der unbewusste Teil, das vegetative Leben, mit seinem Gangliensystem, darin im Schlaf das Gehirnbewusstseyn, gleich einem Lotus, der sich nächtlich in die Fluth versenkt, untergeht, ist ein gemeinsames Leben aller.»

Für manche ist das Bewußtsein ein unerklärbarer Strom.

Für andere ist es ein unerklärbares Rätsel.

Für eine dritte Gruppe gründet sich das Ich und seine Quelle in den unerklärbaren dunklen Tiefen des kollektiven Unbewußten.

So erlebt das gewöhnliche Bewußtsein sich selbst. Das wird bezeugt von Dichtern, Philosophen und Tiefenpsychologen.

Die spirituellen Lehrer, die Mystiker und Erleuchteten des Ostens wie des Westens, nähern sich dem Problem von einer radikal anderen Seite. Mit dem Ausgangspunkt sind sie einverstanden: das gewöhnliche Bewußtsein ist ein Strom, es ist sich selbst unerklärlich. Das Ich ist entweder, wie bei Hume, eine Illusion oder aber eine Konstante; unter allen Umständen ist es ein Rätsel für sich selbst. Und nun wird die existentiell-meditative Frage gestellt: die unmittelbare Grundeigenschaft des Bewußtseins ist, daß es beständig seinen Gegenstand wechselt; dauernd strömen Inhalte durch den Sinn. Läßt sich dieser Sachverhalt ändern? Kann der Bewußtseinsstrom

angehalten werden, kann der Sinn in einem einzigen Inhalt ruhen? Kann das Bewußtsein unaufhörlich an einem Objekt festhalten?
Um dies zu untersuchen, übt das mystische Bewußtsein die Konzentration. Diese ist die andauernde Ausrichtung des Bewußtseins auf ein und denselben Gegenstand.
Was nun das Ich, seine mögliche Illusion, Konstanz und Quelle betrifft, so geht die Mystik auch dieses Problem von einer anderen Seite an.
Statt einer philosophisch-intellektuellen Analyse wendet es die existentielle Meditation mit Experiment und Übung an. Statt über Ich, Illusion, Konstanz und Quelle nachzudenken – *sieht* das meditative Bewußtsein.
Wenn die Quelle für das gewöhnliche, denkende Bewußtsein verborgen bleibt, ist sie es dann auch für ein waches, aber nicht denkendes Bewußtsein? Lassen sich die Gedanken anhalten? – und damit sind wir wiederum dort angelangt, wo wir schon einmal waren. Statt über das Ich und die Quelle nachzudenken, richtet der Mystiker das Bewußtsein nach innen in die Tiefe des Bewußtseins selbst. Nicht denkend, sondern sehend. Nicht argumentierend, sondern horchend. Nicht unterscheidend und analysierend, sondern durchsichtig und dauerhaft. Das gewöhnliche, unmittelbar strömende Bewußtsein ist sich selbst ein Rätsel.

1.5. Der Bewußtseinsstrom strebt nach Glück, Wahrheit, Erlösung oder Befreiung.

In seiner *Nikomachischen Ethik* definiert Aristoteles das Glück als das, wonach die Menschen unmittelbar streben. Wenn ein Mensch überhaupt nach etwas strebt, so will er letztlich hierdurch versuchen, das Glück zu erreichen.
Die Philosophie und wohl zum Teil auch die Wissenschaft sucht nach der Wahrheit oder nach der Antwort auf die Frage, ob es überhaupt so etwas wie Wahrheit gibt. Die verschiedenen religiösen Systeme versprechen Rettung und Erlösung. Und der meditative Prozeß zielt auf eine Befreiung.
Kierkegaard leitet seine Hauptschrift, die *Abschließende Unwissen-*

schaftliche Nachschrift, mit einer bewußt naiven, aber entscheidenden Frage ein: Ich habe von einem höchsten Gut gehört, einer ewigen Seligkeit; wie erlange ich nun dieses Gut? Die nachfolgenden sechshundert Seiten des Werks befassen sich mit der Untersuchung, wie das Verhältnis zum Christentum den Weg zu diesem absoluten Ziel öffnen kann.

Das gewöhnliche Bewußtsein erlebt sein Numen als sich außen befindend. Als Numen verstehen wir hier einfach das Glück, die Prämie, die man zu erlangen hofft, als Ergebnisse, Genuß, Lohn, Erfüllung des Begehrens. Im allgemeinen handelt man nicht ohne weiteres, sondern mit einem Ziel; man will etwas erreichen oder gewinnen, man will etwas schaffen. An Lernprozesse knüpfen sich auch immer Erwartungen – nach Verständnis, Akzeptanz, Reichtum, Berühmtheit, Zuneigung. Dies sind Beispiele für das Ziel des Lebens und Strebens.

Die Tatsache, daß das Bewußtsein ein Strom ist, verbindet sich für die meisten Menschen damit, daß es nach einem Ziel strebt. Wenn man aber strebt, besitzt man nun einmal nicht das, wonach man strebt. Das Numen befindet sich außerhalb. In der Meditation ist es von entscheidender Bedeutung, daß man sich diesen grundsätzlichen Sachverhalt klarmacht. Wenn man etwas hat und dieses Etwas sich eben jetzt entfaltet, so strebt man nicht gleichzeitig danach. Empfindet man nach einer langen Tageswanderung durch sonnenheiße Gegenden Durst, so wünscht man sich Wasser. Man kann geradezu etwas Trinkbares begehren. Wenn man aber endlich eine frische Quelle erreicht, die unmittelbar dem Felsen entspringt, und wenn man sich dann vorbeugt und trinkt, so begehrt man nicht, sondern befriedigt sein Begehren, indem man den Durst stillt. Sobald man sich also sehnt, sucht, wünscht, begehrt und strebt, liegt das Numen außerhalb. Ob nun rastlos und ungeduldig oder aber ruhig und planvoll – man ist wieder auf Jagd, auf der Suche nach einem Ziel.

Faust drückt im ersten Teil von Goethes gleichnamigem Werk dichterisch aus, wonach er strebt und in Philosophie, Theologie, Jura und Medizin gesucht hat. Aus Frustration darüber, daß er immer noch nicht fand, was er suchte, formuliert er seine Sehnsucht:

Daß ich erkenne, was die Welt
Im Innersten zusammenhält;
Schau' alle Wirkenskraft und Samen
Und tu' nicht mehr in Worten kramen.

Es besteht ein spirituelles Paradox darin, daß noch niemals ein Mensch das Ziel erreicht hat, ohne zu streben; und gleichzeitig hat kein Mensch das Ziel erreicht, ohne alles Streben aufzugeben – denn eben dieses Streben, diese Sehnsucht, versperrt dem Bewußtsein den Weg.
Zugleich ist der einzige Weg aber – Streben und Sehnsucht.
Nur die äußerste Anstrengung in intensivstem Streben vermag das gewöhnliche Bewußtsein an die Grenze zu führen, wo die echte und radikale Aufgabe allen Suchens erfolgen kann. Erst hier, an dieser fernsten Grenze, wird der Verzicht auf jedes Streben das gewöhnliche Bewußtsein öffnen, so daß es begreift, wo sich die Quelle befindet.
Es ist also eine wunderbare und letztendlich spirituelle Eigenschaft des Menschen, daß er sich sehnt, daß er begehrt und sucht. Nur eine existentielle Radikalisierung dieses fundamentalen Strebens kann dazu beitragen, sich all seiner Masken und Kostüme zu entledigen. Der erste Schritt ist das reine, brennende, unverhüllte Streben. Und eben dieses nackte Verlangen nach Wahrheit, nach dem Göttlichen, nach Freiheit vermag das gewöhnliche Bewußtsein an die Grenze zu führen.

1.6. Wenn Glück, Wahrheit, Erlösung oder Befreiung eine Ganzheit sind, so kann das gewöhnliche, aufteilende Bewußtsein diesen Zustand nicht erreichen.

Jeglicher Inhalt, der das gewöhnliche Bewußtsein erreicht, wird in Subjekt und Objekt, in Eines gegen das Andere unterteilt. Diese Polarisierung ist die Bedingung, um überhaupt das Bewußtsein zu erreichen. Sollte also dem gewöhnlichen Bewußtsein eine Totalität im eigentlichen Sinn begegnen, so wird sie in dieser Begegnung zu einem Gegenstand gegenüber einem beobachtenden, erkennenden Bewußtsein herabgesetzt.

Im allgemeinen werden derartige endgültige Zielvorstellungen als Absolute aufgefaßt. Bedingte Freiheit scheint nun aber eben nicht Freiheit zu sein. Eine teilhafte Erlösung ist, eben in ihrer Teilhaftigkeit, nicht *die* Erlösung.
Solche Ideen kann man als regulativ auffassen, als etwas, das nicht verwirklicht werden will, sondern zu einer Idealität antreibt, etwas, das auffordert oder lockt. So kann Wahrheit die grundsätzlich endlose Suche nach der Wahrheit bedeuten.
Hinter allem menschlichen Streben und Sehnen liegt aber ein Drang zum Absoluten.
Kierkegaard analysiert diesen Drang in seiner *Nachschrift* als absolute Richtung auf das absolute Telos hin, die absolute Seligkeit, das absolut Gute. Dieses Abstractum legt Kierkegaard sogleich in die Subjektivität hinein; das Verhältnis des Menschen zur Wahrheit ist, was die Absolutheit enthält. Das Totale oder Absolute liegt in der Innerlichkeit, im subjektiven und nicht etwa im objektiven Pol.
«Geht jemand, der inmitten der Christenheit lebt, in das Haus Gottes, das Haus des Wahren Gottes, mit der wahren Vorstellung von Gott in seinem Wissen, und betet, betet aber in Unwahrheit; und lebt jemand in einem Land der Abgötterei, betet jedoch mit der gesamten Leidenschaft der Unendlichkeit, obwohl sein Auge auf dem Bilde eines Abgottes ruht; wo findet sich da die größte Wahrheit? Der eine betet in Wahrheit zu Gott, obwohl er einen Abgott anbetet, der andere betet in Unwahrheit den wahren Gott an, und betet daher in Wahrheit zu einem Abgott.»
In dieser pointierten Darstellung spürt man deutlich die beiden Pole, die subjektive und die objektive Seite. Und Kierkegaard legt entscheidendes Gewicht auf das Verhältnis, auf die Innerlichkeit des Subjektes.

1.7. Das aufteilende und aufgeteilte Bewußtsein des Ich muß seine Zustandsform ändern und ganzheitlich werden, um das zu finden, wonach es sucht.

Solange das Bewußtsein aufteilt, kann es nicht mit dem Absoluten, dem Totalen eins werden. Also muß es sein Aufteilen und Trennen beenden. Doch das ist ihm nicht ohne weiteres möglich. Eben der meditative Prozeß ist nun ein langsamer, existentieller Arbeitsvorgang der Umformung.

Kierkegaard formuliert, wie gesagt, die Aufgabe so: der Mensch soll sich absolut zum Absoluten verhalten. Danach geht er aber nicht den mystisch-meditativen Weg, sondern einen anderen, eher lutherisch–protestantischen.

Der Mensch – so sagt Kierkegaard – entdeckt zunächst, daß er sich absolut zum Relativen verhält, d.h. er befindet sich durchaus in der Welt und in ihren Zielen und Handlungen. Darum muß er, will er sich absolut zum Absoluten verhalten, zunächst sein absolutes Verhalten zur relativen Welt ändern. Doch das bringt Leiden mit sich, denn es erfordert, daß der Mensch stets und beständig aus seinem unmittelbaren Dasein in der Welt abstirbt.

Aber es kommt noch schlimmer. Es bereitet nicht nur Leiden, aus der Welt absterben zu müssen – bald wird deutlich, daß der Mensch in existentiell–konkreter Bedeutung gar nicht absterben kann oder will. Er ist schuldig. Soll er sich absolut zu Gott verhalten, müßte er eigentlich zunächst lernen, sich relativ zur Welt zu verhalten. Er entdeckt, daß sein Verhältnis zur Welt absolut ist. Daß er folglich aus ihr absterben muß. Daß das überaus schwer, ja geradezu unmöglich ist; daß der Mensch das also weder kann noch will – woraus folgt, daß er schuldig ist. Daß er dies von nun an jeden Augenblick bedenken muß. Und daß dieses Schuldbedenken in der Praxis der konkrete Ausdruck für sein Verhältnis zu Gott wird.

Nun ist der Weg frei für den nächsten Schritt: die christliche Verschärfung der Schuld zur Sünde, mit ihrer nachfolgenden paradoxalen Vergebung.

Der Weg richtet sich hier weg vom Bewußtsein als solchem ins Ich hinein; und dieses Ich will nicht sterben, sondern leben. Darum endet dieses Projekt in der Ohnmacht von Schuld und Sünde mit möglicher Vergebung und Gnade.

Wendet sich der Weg vom Aspekt des Ich zu dem des Bewußtseins, so eröffnet sich der meditative Prozeß. Es ist nicht etwa so, daß das gewöhnliche Bewußtsein selbst aus eigener Kraft das Absolute erreichen könnte; die Ohnmacht nimmt aber ein anderes Aussehen an. Es ist nicht die Ohnmacht von Schuld und Sünde, sondern die Ohnmacht der Grenze in der Form einer Selbstübergabe. Das Ich wird im meditativen Prozeß zur Annahme seiner eigenen Auflösung gebracht. Es akzeptiert seinen eigenen Tod. Und in dieser ultimativen Ohnmacht des Ich liegt die Möglichkeit der Gnade der Transzendenz, die Tragkraft des höheren Bewußtseins.

Das gewöhnliche Bewußtsein ist unmittelbar mit dem Ich identisch. Der meditative Prozeß oder das wahre mystische Beten führt aber die unmittelbare Erfahrung mit sich, daß das Ich ein Teilaspekt des Bewußtseins ist.

Das Bewußtsein beginnt zu ahnen, daß es auf verschiedene Weisen wirken kann. Seine Polarisierung im Verhältnis von Subjekt und Objekt mit dem hieraus folgenden Pol des Ich gegenüber dem der Welt, dem inneren gegenüber dem äußeren, ist nur eine dieser Funktionsweisen.

Soll das Ich-Bewußtsein zu einer Vereinigung mit dem Absoluten kommen, so muß es sich ändern; einzig und allein dadurch, daß es nicht mehr aufteilt, kann es mit der Ganzheit eine Einheit bilden.

Der meditative Prozeß besteht darin, daß das Bewußtsein eine andere Funktionsweise erlernt und übt. Ist ein Ich erst durch die Bewußtheiten der Eltern zur Wirkung gebracht, so kann es sich selbst aufbauen, erweitern, ausbauen und nuancieren; es kann aber auch – wenn es denn dazu bereit ist – lernen, sich selbst bis an die Grenze der Ohnmacht hin abzuwickeln.

Das gewöhnliche Bewußtsein glaubt, die einzige Möglichkeit, sich selbst abzuwickeln, sei der Selbstmord. Dieses Wort allein deutet an, daß ein Selbstmord wesentlich mehr bedeutet als den Tod des Ich. Es stimmt zwar, daß das Ich stirbt, wenn ein Mensch sich das Leben nimmt. Andererseits: wenn das Ich beiseite tritt, stirbt nicht unbedingt auch das Selbst. Dieser Punkt ist aber grundsätzlich die Grenze für das Ich–Bewußtsein und damit für das Verständnis des gewöhnlichen Bewußtseins. Das Ich hat, wie sich begreifen läßt, keine Erfahrung mit der Abwicklung seiner selbst – was wäre dann wohl noch übrig?

Und doch könnte das Ich jeden Morgen die rechte Spur finden,

wenn es den tiefen Schlaf betrachtete. Hier – im tiefen, traumlosen Schlaf – gibt es wohl kein wirksames Ich. Also kann zumindest das Leben ohne ein waches wirksames Ich weitergehen. Warum sollte das Bewußtsein nicht auch wach ohne das Ich funktionieren oder außerhalb seiner? Das aber will und kann das Ich nicht akzeptieren. Es fühlt sich – zu Recht – von dieser Möglichkeit aufs äußerste provoziert – und lehnt sie daher ab.
Der mystische Prozeß richtet sich nun aber auf eben diesen Punkt: die konkrete Erfahrung und ihre Übung, daß das Bewußtsein in voller Wachheit wirksam sein kann, auch während das Ich aufgehoben, suspendiert, transzendiert ist. Der existentiell–meditative Prozeß arbeitet an der Verwandlung des gewöhnlichen Ich–Bewußtseins.
Das Bewußtsein wird zuerst in der Einsicht geübt, daß es funktionieren kann, ohne in Subjekt und Objekt zu unterteilen. Später lernt es in der meditativen Übungspraxis, sich der Grenze für die duale Funktionsweise zu nähern. Und schließlich – in Augenblicken des Ich–Todes und kraft eines externen Eingriffes aus dem höheren Bewußtsein – verwandelt sich das Bewußtsein zu ich–transzendentem, nondualem Bewußtsein. Es wird erweckt und frei.

1.8. Der Weg vom aufteilenden Bewußtsein zum Bewußtsein der Einheit führt durch die Quelle des Bewußtseins. Diese Quelle ist verborgen.

Diese Behauptung stützt sich, wie die anderen auch, auf die Erfahrungen von Menschen, die sich durch Gebet und Meditation in das Wesen des Bewußtseins vertieft haben.
Um nämlich dieses gewöhnliche strömende Bewußtsein zu verstehen, das beständig damit beschäftigt ist, seine Modifikation und damit seinen Inhalt zu wechseln – um zu begreifen, ob es anderes und mehr gibt als ein, wie es scheint, unaufhörliches Strömen und Aufteilen; – um diese Dinge zu verstehen, haben sich, wie wir sahen, Menschen gefragt: – woher kommen die Gedanken? – vermag das Bewußtsein anderes und mehr zu tun als ständig seinen Gegenstand zu wechseln, stets zu unterscheiden?

Entdeckungsreisende haben nach den Quellen der großen Ströme gesucht; ähnlich haben Meditierende nach der Quelle des Blauen Nils des Bewußtseins geforscht. Und die meisten werden, wenn sie nur beharrlich und mit ganzem Herzen suchen, erfahren, daß sich diese Quelle dem Blick entzieht; zunächst einmal bleibt sie unsichtbar.
Die meisten Menschen können wohl ein gewisses Interesse an der Frage nach etwa den Quellen des Nil oder des Amazonas aktivieren. Nur wenige aber werden so interessiert sein, daß sie eine Entdekkungsreise beginnen, um sich selber zu informieren. Ähnlich haben sich viele Menschen ab und zu gefragt, wo die Gedanken herkommen oder was das Ich eigentlich ist; die wenigsten aber konnten ihr Interesse über längere Zeit aufrechterhalten. Und diejenigen, deren Motivation tiefer geht, suchen die Antwort entweder durch das Denken an sich, bei den Philosophen, oder versuchen sich auf eigene Faust mit ein wenig Privatphilosophie. Nur wenige werden so sehr vom Wesen des Bewußtseins fasziniert, daß sie sich auf eine existentielle innere Forschungsreise nach den verborgenen Quellen des Bewußtseins begeben.
Es besteht also ein Mißverhältnis zwischen der eher allgemeinen Sehnsucht nach etwas Absolutem, sei es nun Glück, Gott, die Wahrheit oder Erlösung, und der anscheinenden Unmöglichkeit, einen Weg dorthin zu finden; und dieses Mißverhältnis hat, wie sich versteht, eine breite Palette an Vorstellungen über die basale Verderbtheit, Unglücklichkeit und Sündigkeit des Menschen zur Folge. Ob man sich nun auf orphische Weise Seelen vorstellt, die einst frei waren und nun in Vergessenheit und Gefangenschaft geraten sind, oder ob man an das Paradies, den Sündenfall und die Vertreibung aus dem Garten Eden denkt, das Ergebnis bleibt gleich: der Mensch kann nicht unmittelbar und ganz sicher nicht aus eigener Kraft Erlösung oder Seligkeit erlangen.
Und dennoch haben zahlreiche einzelne Menschen durch ihr Leben etwas anderes bewiesen. Spirituelle Lehrer, Religionsstifter, Mystiker und Erleuchtete aller spirituellen Richtungen der Erde haben behauptet, daß es möglich sei, die Quellen des Bewußtseins zu finden, und daß dies die Funktionen des Bewußtseins und damit der ganzen Welt ändern werde – und somit auch das Selbst erleben.

Diese Menschen haben wir oft nicht eben freundlich behandelt. Bisweilen haben wir sie getötet: Sokrates, Christus, Mansur, Milarepa. Manchmal haben wir sie nur nicht wahrhaben wollen. Auf diese Weise versucht das gewöhnliche Bewußtsein eher mit der irritierenden Herausforderung fertigzuwerden, daß es etwas anderes, etwas weitergehendes als das Ich gibt. Daß es beiseite treten und einer höheren oder zumindest viel radikaler wachen Bewußtseinsfunktion weichen kann.

Ein weiteres Ausweichmanöver besteht darin, solche Menschen zu Einzelgängern, Ausnahmen, atypischen Fällen, religiösen Genies zu erklären oder gar zu behaupten, diese Erleuchteten seien göttlich; nicht im geringsten wie wir anderen, wir ganz gewöhnlichen Menschen. Sei es nun Christus, Buddha, Zarathustra: sie seien anderer Art, nicht vergleichbar; und daher habe ihre Erfahrung keine Gültigkeit für uns. Wir können uns dann mit unserer Begrenzung und unserer unvollkommenen, vielleicht gar sündigen Daseinsform zufriedengeben. Und so finden wir dann Ruhe, werden Atheisten oder erlangen wie unartige Kinder die Vergebung eines liebevollen Vaters oder einer Mutter.

Ist das Glück, das Absolute, Gott oder die Erleuchtung nicht nur eine regulative, nicht realisierbare Idealvorstellung –; kann das gewöhnliche Bewußtsein diese Erfahrungen nur erreichen, indem es seinen eigenen ultimativen Ursprung findet –; und ist die Quelle des aufteilenden Bewußtseins eben durch sein Aufteilen verborgen –; wenn sich das tatsächlich so verhält, dann befindet sich der Mensch wahrhaftig in einem irritierenden, vielleicht sogar leidvollen Dilemma.

Aber vielleicht sind wir Menschen nicht so sehr sündig als vielmehr faul und gierig. Mag sein, den meisten unter uns geht es mit dem Absoluten ähnlich wie mit den Quellen des Nils: wir sehen uns gern einen guten Film über die Entdeckungsreise mit ihren Strapazen und ihrer Erfüllung an, haben aber kaum Lust, selber die Schwierigkeiten der Reise auf uns zu nehmen. Bezeichnenderweise würden wir Livingstone in Afrika oder Aldrin auf dem Mond kaum zu Göttern oder Gottessöhnen erklären. Christus aber im Gottesreich und Buddha im Nirvana seien gar nicht Menschen – so sagt man wohl. Also gut, sehen wir von diesen Leuten ab. Wie denn aber mit Eckehart, Rumi und Hakuin? – die erreichten auch das Ziel. Sie fanden, wurden ekstatisch und leuchtend. Was ist mit ihnen?

1.9. Soll die Quelle des Bewußtseins gefunden werden, so muß eine entscheidende Bedingung erfüllt sein: das Bewußtsein muß zur Ruhe kommen und still werden.

Wie aber wird das Bewußtsein still? Nun: es macht den Versuch. Es versteht sich, daß sich das Bewußtsein nicht zur Stille denken kann. Es muß erkunden, ob es das Denken unterlassen kann. Läßt sich der Strom von Bildern, Wörtern, Assoziationen, Erinnerungen, Empfindungen und Gefühlen anhalten?

An eben dieser Stelle trennen sich die Wege. Der eine ist der intellektuelle Weg, einschließlich der existentiellen Philosophie; der andere ist der von Meditation und Mystik.

Die Philosophie nimmt das Denken, den Strom der Gedanken, als Prämisse an, als etwas, das sie nicht genauer untersucht. Kant stellt in der *Kritik der reinen Vernunft* nicht die Frage, inwieweit das Bewußtsein ohne Gedanken existieren, wach und klar sein und wirken kann – d.h. ohne Kategorien und Begriffe mit der dazu gehörenden Vielfalt der Anschauungen. Das bedeutet nicht, daß Kant nicht über die Leere nachgedacht hätte: «Gedanken ohne Inhalt sind leer, Anschauungen ohne Begriffe sind blind.» Auch das Ich, das laut Kant (und das zeigt klar den Weg auf) eigentlich nicht ein Begriff ist: «Die einfache und für sich selbst an Inhalt gänzlich leere Vorstellung: Ich, von der man nicht einmal sagen kann, daß sie ein Begriff sei, sondern ein bloßes Bewußtsein, das alle Begriffe begleitet» – auch dieses Ich wird rückwärts durch den Zirkel der Grenze verfolgt: soll über das Ich nachgedacht werden, wird dieses vorausgesetzt, da alles Denken, alle Anwendung von Kategorien von Begriffen der Anschauungsvorstellungen das denkende Ich voraussetzt. Daraus folgt, wie schon gesagt: die eigentliche Grundlage des Ich, sein Substrat ist grundsätzlich unerkennbar, es entzieht sich logisch voraussetzend und vorausgesetzt in den Hintergrund. Die letzte Grundlage des Ich ist ein Noumenon:

«[das Ich kann] keine Kenntnis von dem Subjekte an sich selbst haben.»

Nun ist Kant nicht ein beliebiger Herr Irgendjemand. Selbst unter Philosophen muß er, was philosophischen Tiefsinn angeht, absolut zur ersten Kategorie gerechnet werden. Seine *Kritik der reinen Vernunft* ist das philosophische Werk des Westens, das meinem Herzen am nächsten steht. Und in Anbetracht der Energie und formidablen logischen Klarheit, mit der Kant ausgestattet war, könnte man sich wünschen, er hätte sich nach innen in die Quellen des Bewußtseins vertieft, ohne zu denken und zu analysieren.

Der meditative Prozeß nimmt seinen Weg eben durch das Bemühen, die Leere rein zu erhalten, alle Aufmerksamkeit des Blickes nach innen zu richten, das Bewußtsein in der – wie Kant es formulierte – inhaltsleeren und unbegrifflichen Vorstellung des Ich zu halten. Nicht um in der Form des Begriffes zu erkennen und auch nicht, um das Substrat des Ich zu denken (was ja, wie Kant vollkommen zu Recht bemerkte, eine zirkelförmige Bewegung oder einen unendlichen, unlogischen und unmeditativen regressus ad infinitum bedeutete).

Wenn das Bewußtsein in der inhaltsleeren und unbegrifflichen Vorstellung des Ich verbleibt, so sollte dies nicht dem Denken, sondern dem Sein dienen. Wird die Aufmerksamkeit in der Betrachtung ihrer selbst festgehalten, so soll das nicht zu einer philosophisch-gedanklichen Erkenntnis führen, sondern zu einer direkten, nicht gedanklichen Einsicht.

Man könnte also sagen, daß die Erkenntnisse des Mystikers – die theoretisch gesehen ein tolles Unternehmen sind – in dem Versuch bestehen, dasjenige Noumenon zu werden, in dem sich das Ich gründet, das Noumenon, welches das Ichdenken (wie Kant zu Recht erklärt) mit seinen diskursiven Erkenntnismitteln nicht erreichen kann. Das Ich und das gewöhnliche, logische, denkende Bewußtsein müssen umgeformt und gewissermaßen abgewickelt werden; erst dann kann das Bewußtsein die erkenntnistranszendente und verborgene Quelle des Ich erreichen.

Bei Kant ist der entscheidende Knotenpunkt des Bewußtseins die transzendentale (erkenntnisbedingende) Einheit des Selbstbewußt-

seins. Diese Einheit ist nicht Gegenstand irgendeiner Erkenntnis und kann es nicht sein; denn alle Erkenntnis setzt eben diese Einheit voraus.
Vermutlich ist es aber eben diese Einheit, die der Mystiker nicht etwa begrifflich zu verstehen oder diskursiv zu erfahren versucht; er sucht sie vielmehr zu werden durch einen intuitiv–einleuchtenden Prozeß aus der phänomenalen Dimension heraus in die noumenale. Ein Projekt, dessen Durchführbarkeit und Gültigkeit Kant ablehnen würde.
Als Goethe die *Kritik der reinen Vernunft* las, soll er, wie überliefert wird, gesagt haben, es sei, als trete man in eine Kathedrale aus Licht. Die *Kritik* ist zwar leuchtend, aber auch überaus schwer zugänglich. Für mich bedeutete dieses Werk eine Präzisierung eben jenes Punktes, an welchem der meditative Prozeß ansetzen kann. Der menschliche Sinn ist ungeheuer facettenreich, und den meisten Menschen wird es schwerfallen, den genauen Ansatzpunkt des meditativen Weges zu finden. Hier kann Kant eine große Hilfe sein, ungeachtet der Tatsache, daß ihm Meditation fernlag. Da die *Kritik* so unzugänglich ist, wird sie den meisten Menschen leider zu schwer nachzuvollziehen sein. Hoffentlich können wenigstens diese Andeutungen einem eventuellen meditativen Prozeß von, wenn auch geringem, Nutzen sein.
Auch das existenzphilosophische Denken wendet sich von der Leere in das Denken hinein. Kierkegaard beschreibt in der *Nachschrift* den genauen Punkt, an dem eine meditative Vertiefung beginnen kann: «Wenn das Existieren sich nicht denken läßt und der Existierende dennoch im Denken begriffen ist, was will das besagen? Es will sagen, daß er momentweise denkt, er denkt nach vorne, er denkt hinterher. Die absolute Kontinuität kann sein Denken nicht erreichen.» Der Bewußtseinsstrom ist diskontinuierlich; entweder denkt man vorwärts in Bekümmerungen, Plänen, Erwartungen, Begehren, oder aber man denkt an die Vergangenheit, ergeht sich in Erinnerungen, man assoziiert. Das Bewußtsein ist nicht denkend im Jetzt gegenwärtig. Im Jetzt – total verstanden – IST man, hier denkt man nicht. Wenn man denkt, ist man entweder in der Zukunft oder in der Vergangenheit. Sagt Kierkegaard. Meditation heißt: nicht an die Zu-

kunft denken, nicht an die Vergangenheit denken, nicht das Jetzt verbalisieren oder kommentieren.
Keine Bilder, kein Inhalt. Stille. Leere.

1.10. Bedingungen dafür, daß das Bewußtsein zur Ruhe kommt, sind ausreichende Entfaltung des Ich, Selbsteinsicht, Ausgeglichenheit und existentielles Sattsein.

Setzt sich jemand ohne weiteres nieder und versucht die Wogen des Bewußtseinsmeers zur Ruhe zu bringen, so wird ihm das sicherlich nicht gelingen. Der Körper beginnt Signale auszusenden, Gedanken tauchen auf, Irritation oder Schläfrigkeit melden sich – Rastlosigkeit, Unruhe, Angst, Verwirrung. Es bricht geradezu eine Kakophonie von Impulsen und Empfindungen über das unvorbereitete Bewußtsein herein, das sich bemüht, still zu werden und zur Ruhe zu kommen.
Im allgemeinen endet ein solcher Versuch in Zorn oder Frustration; oder er verschwindet in Zerstreutheit oder vertont sich in Schläfrigkeit.
Wer sich entspannt niedersetzt und versucht, nur eine halbe Stunde still, wach und gedankenleer zu sein, der wird im allgemeinen entdecken, wie schwierig dieses im Grunde doch so einfache Projekt sich gestaltet. Pläne, vernarbte Wunden, Phantasien, Bilder und Gedanken, Gedanken und wieder Gedanken.
Dies ist eine Erfahrung, die Meditierende und Betende überall auf der Erde über tausende von Jahren wieder und wieder machen mußten. Darum hat man sich bemüht, die Bedingungen für dieses Bestreben zu verbessern, damit es leichter Frucht trage.
Der Körper sollte entspannt sein, also verhältnismäßig gesund und wohltrainiert; möglichst ohne Blockierungen und Spannungen, weswegen Yoga, Sport, Körpertherapie, Massage, Tai Chi oder entsprechendes anzuraten sind.
Das Ich muß zunächst voll entfaltet sein und in sozial zufriedenstellendem Austausch mit anderen leben. Wichtig sind ausreichende Ausbildung, sinnvolle Arbeit, akzeptable Wohnungs- und Einkom-

mensverhältnisse und ein lebendiger Zusammenhang mit anderen Menschen und in der Gesellschaft.
Und man muß Selbsteinsicht besitzen, man muß seine Neurosen, Traumata, biographische Knoten kennen und sich von ihnen befreit haben oder mit ihnen zurechtgekommen sein. Man muß das eigene Gemüt kennen – im weitesten Sinne. Beispielsweise muß man vom Schatten wissen, von der inneren Geschlechtspolarität, von der spirituellen Dimension. All dies ist faszinierende Arbeit an der eigenen Entwicklung.
Dann geht es um Ausgeglichenheit – Ausgleich im Chakrasystem, wenn dieses Modell angewendet wird; oder Ausgleich zwischen den verschiedenen Aspekten der Persönlichkeit: Gefühle, Emotionen, Intellekt, Sexualität, Kreativität, Intuition und ähnliches mehr.
Schließlich ist da die sogenannte existentielle Sättigung, die Lebenserfahrung; manchmal kann gerade die Summe gelebten Lebens einen Menschen zu einem Gefühl der Sattheit im Verhältnis zur Welt führen. Sattheit von Lust, von Reisen, von der Karriere, vom Erfolg, dem Sex, dem Solarplexus. Dies ist nicht etwa Resignation oder Absterben von diesen Dingen, sondern das Gefühl, daß man in diesen Gebieten das Leben zur Genüge gelebt und erfahren hat.
Alle diese Faktoren ergeben in ihrer Gesamtheit wesentlich bessere Möglichkeiten dafür, daß das Bewußtsein in entspannter Aufmerksamkeit ruhig und klar werden kann.
Ein unvorbereitetes Bewußtsein ist so gut wie wehrlos gegenüber der überwältigenden Flut von Eindrücken jeglicher Art, die auf es einströmt, wenn es sich darum bemüht, still zu werden.
Ist man nun in seinen verschiedenen Persönlichkeitsaspekten oder Chakren ausreichend gesättigt und ausgeglichen, so werden etliche Quellen der Zerstreuung, die das unvorbereitete Bewußtsein erregen, von selbst zur Ruhe kommen. Kindheit, Geburt und Vergangenheit sind in ihren Problemen so gut wie abgeschlossen und entleert. Die Vorzeit birgt keine Verknotungen, Sprengsätze, Unfertigkeiten mehr. Das Chakrasystem hat sich ausbalanciert und entfaltet. Die tausend Impulse, die es in seinem gewöhnlichen unausgeglichenen Zustand aussendet, haben sich stark reduziert. Viele Begierden und Wünsche haben sich erfüllt. Anderer therapeutischer

Stoff ist bearbeitet. Das Ich ist gesättigt von Leben und Wirksamkeit. In diesem Luxus kann es sich der Sinn nun erlauben, zur Ruhe zu kommen und den Hintergrund des Ich im Bewußtsein zu untersuchen.
Was findet sich außerhalb des Ich, unter oder über ihm? Was ist die Quelle des Bewußtseins? Kurz und gut, was ist Bewußtsein? – nicht Bewußtsein von etwas, oder jemandes Bewußtsein, nein: das Bewußtsein selbst in schwebendem Gleichgewicht zwischen seinem objektiven und seinem subjektiven Pol.
Die existentiell–meditative Frage nach dem höheren Bewußtsein ist ein Luxusbedürfnis, das sich zweifelsohne erst dann meldet, wenn eine große Anzahl basaler Bedürfnisse zufriedengestellt sind.
Ein echter Drang, Zusammenhang mit den Mitmenschen auf der Erde und mit den irdischen Lebensformen zu fühlen, entsteht erst, wenn alle Bedürfnisse des Ich angemessen entfaltet und befriedigt sind. Dem, der um sein Auskommen kämpft, sind Kunst und Kant gleichgültig. Und wer das süße westliche Leben lebt, der schert sich wenig um Gott und den Nächsten. Erst spät im Verlauf der Befriedigung von Bedürfnissen, mit Hilfe von Glück und Karma und ein wenig Einsicht, entsteht ein authentisches Verlangen, das Bewußtsein zu höherem Bewußtsein zu entwickeln, die Verbundenheit mit der eigenen Kernfamilie zu mitmenschlicher Offenheit.

1.11. Ein Bewußtsein, das zur Ruhe kommt, vermag sich der Grenze des dualen Bewußtseins zu nähern.

Sind die Bedingungen eingetreten, die es dem Bewußtsein ermöglichen, zur Ruhe zu kommen, und hat dieses Bewußtsein dann in einem mehrjährigen meditativen Prozeß die Stille geübt und kultiviert, so wird es allmählich imstande sein, Grenzzustände zu erfahren. Diese Erfahrungen sollte man nicht mit erkenntnistheoretischen Betrachtungen über das Ich und die Grenze seiner Erkenntnis verwechseln. Ebensowenig sollte man diese von Stille geprägten Erfahrungen der Grenze des dualen Bewußtseins mit existenzphilosophischen Analysen der Grenze des Denkens gleichsetzen. Die meditativen Erfahrungen setzen zunächst die lange komplizierte Reihe der zur Genüge erfüllten Bedingungen voraus: Ausgeglichenheit, Ich–Entfaltung, Therapie, Übungen an Energiebahnen, Selbsteinsicht, Chakraübungen, existentielle Sattheit. Über diese differenzierte Basis hinaus ist jahrelanges tägliches Üben des Bewußtseins etwa in der Form von Konzentration und Einübung seiner Bipolarität* erforderlich: oder tiefgehendes, wortloses Beten. Erst in diesem Klima kann sich die Stille entfalten. Und erst in dieser Stille erlangt das gewöhnliche Bewußtsein die entscheidenden intensiven Erfahrungen der Grenze.

Das Vorangegangene kann als Versuch gewertet werden, sich der erkenntnistheoretischen Position Kants zur Grenze des dualen Bewußtseins anzunähern; im Folgenden wollen wir die existenzphilosophische Grenzposition andeuten.

In den *Philosophischen Brocken* drückt Kierkegaard diese Position mit großer Genauigkeit aus: «Was ist also das Unbekannte? – es ist die Grenze, die beständig erreicht wird, und an und für sich ist es das Andere, das absolut Andere, wenn die Bestimmung der Bewegung mit der der Ruhe vertauscht wird.» Und Kierkegaard geht mit dem gleichen Argument weiter, das Kant benutzte: «Die absolute Anders–Heit kann der Verstand nicht einmal denken; denn er kann sich selbst nicht absolut negieren, sondern benutzt sich selber dazu, und denkt also die Andersheit in sich, die er an sich selbst denkt.»

Dieses Unbekannte, die Grenze, die das Denken erreicht und an der es anhält, ist das Göttliche. Diese Sachverhalte: Grenze und Andersheit, vermag das Ich und das Denken nicht festzuhalten, sagt Kierkegaard. Eben dies ist es nun aber, was der meditative Prozeß oder wortloses Beten zu üben versucht. Und genau hier beginnt der mystische Weg – in Gebet und Meditation – seine Arbeit daran, am

* Zum Begriff: bipolar, bipolares Bewußtsein (in *Höheres Bewußtsein*: zwiegerichtet). Das duale Bewußtsein hat zwei Pole: Subjekt und Objekt. Im allgemeinen ist es identisch mit dem Objekt-Pol – es denkt oder erlebt *etwas* –, während der subjektive Pol unterbetont bleibt – ich bin mir nicht bewußt, wer denkt, während ich denke. Bipolares Bewußtsein bedeutet: auf das Subjekt aufmerksam zu sein in wortloser Richtung auf den, der denkt und erlebt, während sich gleichzeitig Aufmerksamkeit auf das Objekt richtet.

äußersten vibrierenden Rand der Grenze festzuhalten und hier zu verharren.
Kierkegaard beendet seine kristallklare existentielle Analyse: «Doch diese Verschiedenheit läßt sich nicht festhalten. Wann immer das geschieht, ist es im Grunde eine Willkürlichkeit, und im Innersten der Gottesfürchtigkeit lauert in Wahnsinn die launische Willkürlichkeit, die weiß, daß sie selbst Gott hervorgebracht hat».
Und wieder zeichnet sich die Grenze zur Mystik ab, die von Kierkegaard abgewiesen wurde. Sie, die Mystik, überschreitet die Grenze; das Bewußtsein wird verwandelt, und die Mystik folgert: Gott IST ein Bewußtseinszustand, jenseits vom Ich. Wenn dieses zur Seite getreten ist, kann das Göttliche eintreten. An der Grenze halten diese beiden monumentalen Posten Wacht: Kants erkenntnistheoretische Kritik und Kierkegaards existenzphilosophische Analyse. Und es lohnt sich, ihnen zuzuhören und von ihnen zu lernen. Viele Menschen werden verständlicherweise nicht weiter als bis hier gehen. Und selbst die, welche sich über die Grenze hinaus wagen, tun gut daran, Respekt zu wahren und an der Gelehrsamkeit festzuhalten. Ohne beständige Selbstkritik und Kritik der jenseitigen Erlebnisse und ohne die existenzphilosophische Nüchternheit und Bescheidenheit wird die Reise jenseits der Grenze des dualen Bewußtseins kaum fruchtbar sein.
Jenseits dieser Grenze ist zwar alles neu und ungewohnt; allein aber ist der Mensch immer noch nicht. Hier warten – natürlich symbolisch verstanden – Meister Eckehart und Bruder Franz, bereit, den Reisenden dorthin zu führen, wo es keinen Unterschied mehr gibt zwischen Christus und Buddha, Ost und West, dem erleuchteten und dem gewöhnlichen Bewußtsein.

2. Die Grenze des gewöhnlichen Bewußtseins

2.1. Das gewöhnliche Bewußtsein hält sich in seinen vielfältigen Inhalten auf.

Diese Behauptung wirft Licht auf die zweite Grundeigenschaft des gewöhnlichen Bewußtseins, wenn es aus der Summe meditativer Erfahrungen heraus betrachtet wird. Gemeint ist folgendes: Sieht das Bewußtsein beispielsweise eine Blume, so ist es ganz von ihr angefüllt. Es ist mit seinem objektiven Pol identifiziert. Was das besagt, wird vielleicht am ehesten verständlich, wenn wir diese Art zu sehen mit einer meditativeren Art des Bewußt–Seins vergleichen.

Man kann die Blume betrachten und sich zugleich vergegenwärtigen, daß man Betrachter ist. Man kann Musik hören und sich des Hörers bewußt sein. Man kann reden, und während man redet, kann man sich des Sprechers bewußt und eingedenk sein. Eben das tut das gewöhnliche Bewußtsein aber im allgemeinen nicht. Im Gegenteil, es sieht die Blume und vergißt den Betrachter; hört die Musik und vergißt den Hörer; redet und weiß nichts vom Sprecher.

Es ist dieser Sachverhalt, der der Behauptung zugrundeliegt, das gewöhnliche Bewußtsein sei identisch mit seinen Handlungen und völlig von ihnen vereinnahmt. Der Handelnde hat sich selbst in seiner Handlung vergessen.

Das gewöhnliche Bewußtsein hat also, wenn es aus der Summe der meditativen Erfahrungen betrachtet wird, drei Grundzüge.

Der erste ist, daß es beständig seinen Brennpunkt wechselt und von Inhalt zu Inhalt strömt.

Der zweite, daß es mit seinem Inhalt identisch ist, daß es also in seiner Beschäftigung mit dem objektiven Pol den subjektiven vergessen hat. Das gilt wohlgemerkt auch von inneren Inhalten. Wenn jemand mit geschlossenen Augen sieht und empfindet, einen Gedanken denkt oder ein Gefühl fühlt, oder wenn er ein Chakra registriert, so ist das Bewußtsein wiederum eins mit dem Gedanken oder Gefühl, also eins mit seinem Gegenstand; und der subjektive Pol des Bewußtseins, der Denkende, der Fühlende oder Registrierende ist in den Hintergrund getreten, er ist vergessen.

Endlich ist der dritte Grundzug des gewöhnlichen Bewußtseins die Tatsache, daß es unterscheidet: Subjekt von Objekt, Inneres von Äußerem, Ich von Du.

Daraus folgt, daß die meditative Übung in der Richtung der Grenze des dualen Bewußtseins phänomenologisch gesehen naturgemäß drei Teile hat.

Zunächst muß die Funktionsweise geändert werden, aufgrund derer das Bewußtsein beständig seinen Gegenstand und Brennpunkt wechselt.

Dies ist Konzentration. Konzentration ist nicht etwa Meditation; sie arbeitet vielmehr daran, das Bewußtsein zu lehren, nicht von Ort zu Ort zu fliehen. Sie übt die Funktion, das Bewußtsein andauernd auf ein und denselben Gegenstand auszurichten. Diese Ausrichtung ruht zunächst im Denken, dann im Schauen.

Konzentration sammelt und bewahrt die Energie, die das Denken in Form von Gedanken zerstreut und verbraucht. Das erste grundlegende Kennzeichen des gewöhnlichen Bewußtseins ist der beständige Wechsel seines Brennpunktes und Inhaltes – Stream of Consciousness, der Bewußtseinsstrom. Konzentration ist die Übung, die den Strom anhalten und am Brennpunkt eines Gegenstandes festhalten will.

Der nächste Zug des Bewußtseins ist seine Selbstvergessenheit, die Tatsache, daß es den subjektiven Pol vergißt und sich in den objektiven Pol verliert. Es verhält sich natürlich so, daß das gewöhnliche Bewußtsein tatsächlich nicht imstande ist, den subjektiven wie den objektiven Pol gleichzeitig zu finden oder festzuhalten. Jedermann vermag, während er ein Bild betrachtet, das Bewußtsein über den Betrachter festzuhalten. Niemand aber tut das. Dies ist eines der tiefsten Geheimnisse des Ich und seiner Erhaltung. Das Ich lebt davon, daß es verborgen ist. Es nährt sich von Bewegung, Verborgenheit und Getrenntheit. Es wechselt seinen Brennpunkt, teilt alles in Subjekt und Objekt auf und vergißt den subjektiven Pol. Beginnt das Bewußtsein, diese grundlegenden Verhältnisse zu ändern, so reagiert das Ich. Wenn das Bewußtsein alle Bewegung einhält und in ein und demselben Brennpunkt ruht; wenn es den verborgenen subjektiven Pol beleuchtet, während es vom Objekt weiß; wenn es zu

sammeln beginnt statt zu trennen: – dann ist der Mechanismus des Ich in seinem innersten Wesen bedroht.
Man kann sagen, daß Meditation die Ausrichtung des Bewußtseins auf sich selbst und auf seinen Gegenstand zu gleicher Zeit ist. Die erste, grundlegende meditative Übung ist an sich überaus einfach: sei des Beobachters eingedenk, während du beobachtest; des Denkers, während du denkst. Wisse, wer Tee trinkt, während du ihn trinkst. Sei dir während der Liebeshandlung bewußt, wer sich dem geliebten Menschen hingibt.
Meditation besteht zunächst einmal darin, das Festhalten am bipolaren Bewußtsein zu üben. Sich des subjektiven wie des objektiven Bewußtseinspols zu gleicher Zeit bewußt zu sein.
Stille ist eben dies: Gleichgewicht zwischen der Richtung des Bewußtseins in sich selbst und in einen Gegenstand.
Der dritte Grundzug des Bewußtseins, die Tatsache, daß es alles ohne Ausnahme polarisiert und aufteilt, ist der, dessen Änderung am schwersten fällt. Konzentration läßt sich üben. Meditatives Doppelbewußtsein, das sich seiner selbst bewußt ist, läßt sich üben. Der letzte Grundzug, die duale Grundmechanik an sich, ist die Grenze.
Die ganz entscheidende Bedingung für die Transzendenz der Polarität von Subjekt und Objekt ist, daß das Bewußtsein die Fähigkeit entwickelt hat, sich selbst, während es vom objektiven Pol weiß, gleichzeitig im subjektiven Pol zu halten. Das gewöhnliche Bewußtsein teilt auf und schläft im subjektiven Pol. Man muß Kant und Kierkegaard gut zuhören: richtet sich das Bewußtsein auf das Ich, so wird dieses zum Objekt – und ist im selben Augenblick vorausgesetzt. Es ist das Ich – vorausgesetzt, verborgen, vergessen –, welches das Ich – als Objekt – betrachtet.
Der meditative Prozeß nimmt seinen Anfang nicht in der Betrachtung des Ich oder der Quelle des Bewußtseins. Man muß kriechen, bevor man gehen kann. Zunächst einmal Konzentration: das Anhalten der Bewegung des Bewußtseins. Dann Meditation: nach innen bewußt sein, während man nach außen wirkt. Wissen, daß jemand sieht, während man das Blau des Himmels betrachtet. Es geht hier noch nicht darum, das Subjekt zu ergründen. Es geht vor allem darum, das Selbstvergessen im alltäglichen Wirken zu brechen.

Dann, nach vielen Jahren der Übung, kann sich das Bewußtsein sich selber zuwenden, und das heißt, es kann sich auf seine Quelle richten. Aber diese hochentwickelte meditative Position ist ohne vorausgegangene Übung auf elementarer Ebene zum Scheitern verurteilt.
Die Quelle des Ich, des Bewußtseins, befindet sich auf dieser Grenze. Und dieser Grenze muß man sich mit dem bipolaren Bewußtsein nähern. Die Grenze des dualen Bewußtseins ist nur erfahrbar in der Stille, in wachem Gleichgewicht zwischen dem objektiven und dem subjektiven Pol des Bewußtseins.
Die Transzendenz der ultimativen Struktur von Subjekt und Objekt des gewöhnlichen Bewußtseins erfolgt im Zusammenbruch der Grenze – und damit des Ich.

2.2. Die Grenze des dualen Bewußtseins wird erreicht, wenn die Vielfalt des Bewußtseins – und somit der inneren und der äußeren Wirklichkeit – sich in einem einzigen Gegenstand sammelt.

Zahlreiche Bedingungen müssen erfüllt sein, bevor das Bewußtsein seine mannigfaltigen Inhalte in einem einzigen sammeln kann. Die Persönlichkeit muß sich selbst bis in die Tiefenschichten kennen; sie muß einen gewissen Überblick haben; die rechte Motivation ist erforderlich – und nicht jeder x-beliebige Gegenstand oder Zustand kann eine Sammlung ermöglichen.
Die verschiedenen Kräfte innerhalb der Persönlichkeit müssen sich einig sein oder aber zusammenarbeiten. Will das innere Kind eines und der erwachsene Mensch etwas anderes, während er zugleich etwas drittes in Erwägung zieht, so ist Sammlung nicht möglich. Will die sexuelle Ebene sich amüsieren, der Solarplexus Gemütlichkeit haben und die Liebe Gott suchen, dann ist keine Rede von Zusammenarbeit in der Psyche. Die Möglichkeit der Integration tritt daher erst sehr spät in einem Prozeß der Selbstverwirklichung ein. Sollen die weitergehenden meditativen Prozesse ihren Anfang nehmen, so muß das Ich bereits ernsthaft damit beschäftigt sein, das Selbst zu entfalten und zu verwirklichen.

Die notwendige Motivation kann nicht ausschließlich von der Ebene des Ich kommen – das liegt in der Natur der Sache. Das Ich liegt per Definition im Streit mit den übrigen Impulsen und Bereichen der Gesamtheit eines Menschen. Erst im Prozeß des Selbst treten Motive auf, die so stark sind, daß sie grundsätzlich die Persönlichkeit sammeln können. Im Ich findet sich eine Sehnsucht nach Glück, nach Wahrheit, Freiheit und vielleicht Gott. Sollen diese Sehnsüchte aber zur Motivation für einen meditativen Prozeß heranreifen, so müssen sie tief und existentiell verstanden sein.
Das Ich strebt das Glück oder Gott nach seinen eigenen Voraussetzungen an. Daß der Weg zur Freiheit erfordert, daß es beiseitetritt, das muß das Ich erst lernen – durch Lebenserfahrung, etwas Glück und ein wenig Einsicht. Und ein vitales Ich begreift das nur sehr ungern. Die rechte Art der Motivation könnte etwa ein authentisches Verständnis des Sachverhaltes sein, daß die wertvollste Möglichkeit des Menschen in der Fähigkeit liegt, höheres Bewußtsein zu entwikkeln – zum Gewinn für sich selbst und für andere Menschen; oder aber die echte Erkenntnis, daß es in diesem Leben vor allem darum gehen könnte, Mitmenschlichkeit zu zeigen oder Zuneigung zu allem Lebenden. Diese Art der Motivation ist dadurch gekennzeichnet, daß das Ich relativiert ist. Und ein normales gesundes Ich kann folglich für derartige Motive noch nicht reif sein. Sehnsucht nach Glück, Freiheit, Gott ist das äußerste, was ein unmittelbares, allgemein–menschliches, gut funktionierendes Ich erreichen kann.
Nicht alles ist geeignet, als Fokus für die verschiedenen Kräfte und Seiten des Sinnes zu wirken. Die Mystiker haben hier eine weite und gut überprüfte Erfahrung.
Stille ist ein geeigneter Sammlungspunkt. Das Gefühl mag eine religiöse Persönlichkeit heranziehen, etwa Christus oder Buddha. Hier gibt es tausende von Möglichkeiten und Wegen.
Die Leere verdient besondere Erwähnung.
Viele Menschen mißverstehen meditative Leere als Abwesenheit jeglichen Inhaltes. Weit richtiger wäre es aber, sie als nicht–sprachliche Gegenwart aller Inhalte zu begreifen.
Das kann verschiedenes bedeuten. Es kann vorsprachlich meinen. Ein solcher Zustand von Leere erinnert an den Schlaf. Dieser ist

eine tieferstehende, unbewußtere Zustandsform. Leere als wache Vorsprachlichkeit kann eine direkte meditative Erfahrung des Unbewußten sein. Dies ist meditativ gesehen ein Umweg, der sich oft genug zu einem Irrweg entwickelt.
Nichtsprachlichkeit kann aber auch jenseits der Sprache sein – eine trans–sprachliche Leere. Dies ist der rechte Weg zur Entwicklung höheren Bewußtseins.
Meditieren Mystiker, ob sie nun Christen oder Heiden, Gläubige oder Ungläubige sind, über die Leere, so begreifen sie sie als trans–sprachlich. Und diese Leere ist nicht etwa die Abwesenheit jeglichen Inhaltes, sondern seine potentielle Gegenwart.
Eine Meditation über die Leere, die auf der rechten Motivation aufbaut, kann zur Sammlung führen.

2.3. Die Grenze ist dort, wo der beobachtende Pol des Bewußtseins einem alles umfassenden beobachteten Pol gegenübersteht: der Vielfalt der Gegenstände und Inhalte, gesammelt in einem einzigen Gegenstand oder Zustand.

Es liegt eine einfache Situation vor: das Bewußtsein versucht, still zu werden – keine Gedanken, keine Bilder, keine störenden Impulse. Ein entspanntes, klares, waches, ganz und gar stilles Bewußtsein.
Wir wollen noch einmal konkret die Bedeutung der vorbereitenden, zur Genüge zufriedengestellten Bedingungen verstehen.
Es bemüht sich also jemand darum, still zu werden. Und nun taucht eine Erinnerung aus der Vergangenheit auf. Natürlich kann das Bewußtsein versuchen, diese Erinnerung nur zu betrachten; sie im Strom der Gedanken vorbeigleiten zu lassen und nicht an ihr festzuhalten – sozusagen nicht zu reagieren.
Hat eine solche Erinnerung aber tiefe Wurzeln in dem betreffenden Menschen, so wird sie wieder und wieder frische Triebe in den Strom seines Bewußtseins aussenden. Wächst sie aus einem Kindheitstrauma hervor, einer folgenschweren Ablehnung oder einem verwickelten Komplex, so wird das Bewußtsein sich mit Sicherheit nicht entspannen und still werden. Die Erinnerung, und sei sie sel-

ber auch so leicht wie ein Sonnenblitz auf dem Wasser, enthält ein Gewicht, das immer wieder das Bewußtsein anziehen und Unruhe und Störungen schaffen wird. Daher rührt die Notwendigkeit, alle biographischen Spuren durch Traumanalyse, Therapie, Arbeit am Körper, Entwicklungsverläufe, Katharsis und Integration aufzuklären.

Oder das Bewußtsein wird in seinem Versuch, zur Ruhe zu kommen, von einem sexuellen Impuls, einer Phantasie, einem Bild, einem erotischen Sinnesstreif gestört. Es versucht sich nun in neutraler Beobachtung. Was aber liegt hinter diesem Impuls? Ist die Sexualität des betreffenden Menschen frei fließend? Ist sie harmonisch mit Zuneigungen verbunden? Wenn das nicht so ist, wird diese verworrene oder blockierte Sexualität immer öfter einen Appell aussenden, je mehr sich das Bewußtsein um Stille bemüht.

Nehmen wir an, daß die Sexualität nun frei fließend ist und mit Zuneigungen verwoben – ist sie in diesem Falle gesättigt? Hat der betreffende Mensch genug gelebt, genug genossen und geliebt, hat er sexuelle Ekstase oft und tief genug erlebt? Wenn nicht, so wird dieses ungelebte Leben Aufmerksamkeit auf sich ziehen; und Verlangen und Begehren werden – zu Recht – zu unaufhörlichen Windstößen über der unruhigen Oberfläche des Sinnes.

Wenn nun die Sexualität abgerundet, weich und freundlich ist, in das Leben der Zuneigungen integriert, und wenn das Leben sich sattgelebt hat und zufrieden ist, und wenn das rechte Alter erreicht ist – ist der betreffende Mensch dann fähig, seine Sexualität zu verwandeln und umzuformen, so daß sie mit dem meditativen Prozeß zusammenarbeitet und ihn unterstützt auf seinem Weg zu höherem Bewußtsein, auf das Göttliche hin?

Das heißt also: zunächst muß das Ich entfaltet werden, muß man das Leben leben, Sexualität und Liebe genießen, an der therapeutischen Befreiung der eigenen Biographie arbeiten, Ehrgeiz und Selbstgefühl manifestieren und im Prozeß der Selbstentwicklung reifen. Alles hübsch der Reihe nach.

Und dann erst: Meditation. Nun ist das Bewußtsein richtig eingestellt und kann mit der rechten Art der Motivation aufs neue den Versuch machen, still zu werden.

Immer noch werden sich Gedanken und Einfälle störend einmischen; nun aber haben sie keine tiefen Pfahlwurzeln mehr. Jetzt ist es das Ich als solches, der Lebensstrom, der funkelt und sich bewegt.

Hier beginnt der wirkliche meditative Tanz; und der ist nicht etwa ein Kampf, sondern eher ein Sport.

Das Bewußtsein muß lernen, zwischen einem Phänomen, einem Zustand, und seiner sprachlich gewordenen Vorstellung zu unterscheiden. Es ist Eines, eine Rose zu sehen; etwas ganz anderes aber, gleichzeitig das Wort «Rose» zu formulieren. Es besteht ein Unterschied zwischen der direkten Beobachtung ohne die Einmischung der Sprache auf der einen Seite und der sprachlich gebundenen Beobachtung des gewöhnlichen Bewußtseins auf der anderen. Die Sprache läßt sich mit einer blauen Brille vergleichen. Durch sie sieht die Welt blau aus. Durch die Brille des gewöhnlichen Bewußtseins ist alles sprachgebunden. Gedanken sind sprachlich. Sie mögen ungeheuer abstrakt sein, fast Dispositionen zu Gedanken: letztendlich sind sie sprachlich.

Normalerweise taucht synchron mit einer Empfindung das entsprechende Wort auf. Das Bewußtsein kann aber lernen, das zu ändern: wenn es etwa eine Farbe sieht (und wir wollen annehmen, daß das bei geschlossenen Augen geschieht), diese nicht sofort als «rot» zu verbalisieren.

Der springende Punkt im bipolaren Bewußtsein ist, daß es eine nichtsprachliche zweipolige Wachheit anstrebt. Es registriert Stille – tut dies aber nonverbal.

Diese nichtsprachlich registrierte Stille ist nun der objektive Pol des Bewußtseins. Der subjektive Pol ist der- oder dasjenige, welches diese Stille registriert.

Dies läßt sich bei offenen Augen am besten üben im Verhältnis zu einem konkreten Objekt, etwa einer Blume, einem Stein, einem Kristall, einer Kerze, dem Blau des Himmels. Das Bewußtsein lehrt sich selbst, das Objekt zu sehen, ohne es zu benennen – es nur und ausschließlich zu sehen.

Und es lehrt sich, die eigene Wachheit zu erweitern, bis es klares Wissen davon enthält, daß jemand sieht. Dieses Sehende, der Betrachter, muß im Bewußtsein gehalten werden, ohne Worte darauf zu verwenden. Also soll man nicht denken oder fühlen: «Ich sehe», «das Bewußtsein sieht» oder dergleichen mehr. Eine sprachliche Formung muß vermieden werden. Der Betrachter muß bewußt, aber unsprachlich bleiben. Sprache verschließt den subjektiven Pol. Sie verbirgt den Betrachter. Sie versteckt die Quelle.

Das Bewußtsein, das davon weiß, daß eben jetzt gelesen wird – dieses Bewußtsein ist offen zu halten. Seine Offenheit ist ohne Sprache, ohne Begriffe, ohne Bilder, ohne Gedankenformen.

Die Grenze für das duale Bewußtsein sieht also folgendermaßen aus: das Bewußtsein bemüht sich, still zu werden. Diese Stille wird aus der Sprache entlassen. Und gleichzeitig besteht Wissen um das Bewußtsein, das die Stille registriert. Dieses registrierende Bewußtsein wird offen gehalten, indem es ein sprachfreies Wissen ist.

Das Bewußtsein ist still. Die Stille ist das Objekt. Sie wird sprachfrei registriert und erlebt. Subjekt ist das Bewußtsein. Es ist seiner selbst eingedenk im Erlebnis der Stille. Und dieses erlebende Bewußtsein wird offengehalten, indem es der Sprache nicht erlaubt, es durch Worte, Etikette, Gedanken, Begriffe, Bilder oder Symbole zu schließen.

Das Bewußtsein ist also für einen Augenblick still. Anfänglich ist dies nicht ein Zustand. Kein gewöhnliches Bewußtsein vermag eine Minute lang in wacher, sprachfreier Bipolarität still zu sein. Es handelt sich um einen dynamischen Prozeß, in dem zunächst die Gedanken langsam mehr Zeitgleichheit erreichen. Sie denken und kommentieren das, was sich eben jetzt im meditativen Prozeß ereignet. Die Sprache leuchtet und funkelt in emsiger und wachsamer Beschreibung dessen, was eben jetzt geschieht. Worte flimmern aus der intensiven aufmerksamen Wachheit hervor: «Dies ist Stille», «nicht denken», «Ruhe», «Energie» und vieles andere mehr. Die Sprache läuft auf höchsten Touren, um mit der Intensität Schritt zu halten. Sobald etwas geschieht oder sich ändert, schlägt sie wie ein Falke zu: «Jetzt», «Offenheit». Die Energie wird in solchen Wörtern entspannt, die über den ausgespannten Himmel des Bewußtseins flirren.

In diesem ultra–intensiven Prozeß der Entscheidung spielt sich der meditative Verlauf ab.

Sollte es – in entspannter und geduldiger Aufmerksamkeit – gelingen, den subjektiven Pol des Bewußtseins wach und sprachfrei zu halten: dann öffnet sich das Bewußtsein. Und dieser Funken offener sprachfreier Gegenwart ist Meditation.
Die Grenze des dualen Bewußtseins ist: der wache beobachtende Pol des Bewußtseins im Gleichgewicht mit einem alles umfassenden beobachteten Gegenstand oder Zustand.

2.4. Das einzige, letzte und alles umfassende Objekt des sich gleichzeitig selbst beobachtenden Bewußtseins läßt sich beschreiben als Licht, als Seligkeit; als Liebe; als Sein oder als Leere.

Das Bewußtsein betrachtet seine wechselnden Inhalte mit der Absicht, still zu werden. Der Sinn wünscht sich zu leeren.
Viele Meditierende und Betende sind im Lauf der Zeit schon an dieser Stelle in eine Falle des Sinnes geraten. Das Bewußtsein kann seine Inhalte eine Ewigkeit lang betrachten, ohne je zur Ruhe zu kommen. Der Betrachter ist vergessen, und das Bewußtsein befindet sich auf einem Irrweg. Es betrachtet seine wechselnden Inhalte; und es betrachtet die Tatsache, daß es seine Inhalte betrachtet – und so weiter ad infinitum.
Das ist keine Meditation. Es ist ein intellektueller Irrweg. Das Bewußtsein macht den Betrachter zu einem Objekt, das wiederum Gegenstand einer Betrachtung wird. Dieser Betrachter wird wiederum versprachlicht, wird ein Gedanke, wird mit Wörtern versehen, in einem Gegenstand begrenzt. Und wieder kommt der Betrachter; das ist eben der Kantische Zirkel der Ich–Betrachtung.
Vergleichen wir einmal den Inhalt des Bewußtseins mit einer Lampe und den Betrachter mit einem Nachtschwärmer, der um die Lampe kreist.
Da der Betrachter (das Ich, das Bewußtsein) zu einem Gegenstand (dem Nachtschwärmer) geworden ist, kann der Intellekt sein Gedankenspiel beginnen. Ein weiterer Nachtschwärmer kommt aus der Nacht; er sieht die Lampe und den ersten verwirrten Nach-

schwärmer. Und er schließt sich an. Ein dritter Nachschwärmer erscheint und so weiter. Schließlich schwirren die Gedanken wild um den leuchtenden Inhalt des Bewußtseins. Das hat nichts mit Meditation zu tun. Es ist Gedankengewebe; fraktale Verwirrung.
Es gibt nur einen einzigen Betrachter, der in seiner nichtsprachlichen Echtheit alle objektivierenden und damit hohlen Schalen der Betrachtung in sich aufnimmt: lösche die Lampe, und die Nachtschwärmer werden in die Nacht verschwinden.
Oder aber: zerschmettere die Nachtschwärmer mit der Lampe, so daß sie alle sterben. Weg mit ihnen und mit der Lampe. Daß das Bewußtsein seine Inhalte sehen soll, ist schon richtig. Das hat aber nur dann den Charakter der Meditation, wenn das sehende Bewußtsein sich seiner selbst erinnert.
Es ist richtig, den Betrachter aufmerksam zu halten; aber es ist nur dann meditativ, wenn er sich in sprachfreier Offenheit befindet.
Lernt das Bewußtsein, sich auf dieser Grenze zu halten, so wird es auf eine Reihe von dramatischen Erfahrungen stoßen.
Das stille Bewußtsein, das in seinen beiden Polen aufmerksam ist, wird Augenblicke von intensiver Sammlung erfahren. Sie mögen erlebt werden, als verschwände die Gesamtheit des Bekannten in einer alles verschlingenden Leere. Oder als werde alles zu Seligkeit oder Licht. Derartige Augenblicke der Kraftfülle werden eintreten.
Nun könnte das Bewußtsein leicht in den Glauben verfallen, das sei nicht ein dualer Zustand. Aber die Tatsache, daß ein bestimmter Aspekt vorherrscht, zeigt, daß immer noch Dualität besteht. Alles ist von Liebe angefüllt; oder aber die Qualität des Seins dominiert. Die Tatsache, daß das Erlebnis sich in einer dominierenden Qualität lagert, ist der letzte Schutzwall, über den das Ich und die Bewußtheit verfügen, bevor sich das Bewußtsein in seiner unverhüllten Nacktheit manifestiert.
Derartige Erlebnisse sind überaus attraktiv und befriedigend. Sie sind sicher notwendig und zweifelsohne feierlich und schön. Sie werden oft in religiöser und spiritueller Atmosphäre erscheinen.
Der Weg vom gewöhnlichen zum transdualen Bewußtsein führt an diesen Grenzgegenden vorbei. Das Bewußtsein muß sich an diesen dualen, sozusagen hochfeierlichen Erlebnissen sättigen. Aber um der

Nüchternheit willen ist es wichtig zu begreifen: so schön und anziehend sie auch sein mögen – diese Erlebnisse sind dennoch noch immer dual. Immer noch existiert ein Unterschied zwischen Betrachter und Betrachtetem. Und das wird zunächst daran deutlich, daß jeweils eine Qualität vorherrscht.
Kann die hier vorherrschende Intensität über längere Zeit gehalten werden und das Bewußtsein tiefer hineingehen, so wird es klar einsehen, daß es hier zwei Punkte gibt: das Licht – und das Bewußtsein, welches sich dieses Lichtes bewußt ist.
Befindet sich ein Jet an der Grenze zum Durchbruch der Schallmauer, so wird sein Körper von zusammengepreßten Vibrationswellen durchgeschüttelt. Die überwältigenden Erfahrungen, von denen wir hier reden, sind Energiestöße, auf die das Bewußtsein an der Schwelle zum qualitativen Wechsel des Tempos stößt.
Solche Erfahrungen von Licht, Seligkeit, Leere deuten die endgültige Transzendenz an. Es sind Erfahrungen der Grenze eben dort, wo sie sich befindet.
Da der Ich–Mechanismus immer noch intakt ist, können solche Erlebnisse Inflation auslösen. Das Ich ist eben nicht überwunden. Es ist nur so, daß das duale Bewußtsein sich an seiner äußersten Grenze befindet. Hinterher kann das Ich daher den Verdienst dieser ungewöhnlichen Erlebnisse an sich reißen. Es glaubt nun, es sei etwas; es habe es nicht mehr nötig, etwas zu lernen. Es glaubt, es sei ein Selbst. Da das Ich in dieser Erfahrung nicht beiseite trat und das auf dieser Stufe auch noch nicht vermag, so verwechselt es sich hinterher mit dieser erstrahlenden höheren oder weiteren Perspektive.
Das Ich muß nicht zwingend inflationistisch werden. Ist es von der Welt gesättigt und folglich nunmehr einigermaßen bescheiden und entspannt, so kann dieser Irrweg vermieden werden.
In unserer protestantischen Kultur haben wir seit über tausend Jahren keine lebendige meditative Mystik. In unserem eigenen Kulturkreis, und das gilt in hohem Maße auch für den säkularisierten Katholizismus unserer Zeit, haben wir in diesen Bereichen keine wirklich brauchbaren Spuren.
In Schweden gab es zwar Swedenborg und die heilige Birgitta von Vadstena. Aber ich möchte behaupten, daß sie keine tiefen und all-

gemein bekannten Spuren in der nordischen Kultur hinterlassen haben.

Nach der Einführung des Protestantismus wurde die Mystik geradezu abgeschafft. In Dänemark lebten zwar Grundtvig, Anker Larsen und Martinus*. Aber auch hier gibt es keinen klar vorgezeichneten Weg; und in der nordischen oder der protestantischen Kultur können wir keine Arten von echten mystischen Prozessen entdecken, die entscheidende Spuren hinterlassen haben. Die wenigen mystischen Ansätze des Protestantismus sind meines Erachtens nicht–integrierte Ausnahmen.

Einen Italiener, der in seinem meditativen Gebet die Zustände erreichte, von denen wir hier reden, wäre Franz von Assisi bestimmt ein Begriff. Und würde er sich an diesem echten Mystiker messen können, so gäbe es keinen – absolut keinen – Anlaß zur Inflation.

Daß Menschen in Zustände der Inflation geraten, liegt an Unwissenheit. Weil sie meinen, sie könnten nichts mehr lernen, oder weil sie nicht begreifen, was höheres Bewußtsein und Meditation eigentlich bedeuten, bläht sich ihr Ego–Anteil auf.

Wir haben im Protestantismus keine lebendige spirituelle Tradition. Darum fehlt uns ein echter Maßstab, dem entsprechend wir uns verhalten könnten. Es ist eine Sache, etwas über einen Spanier des Mittelalters zu lernen, aber etwas ganz anderes, von einem erfahrenen höheren Bewußtsein betrachtet zu werden und die notwendige Justierung zu erhalten.

Es ist eine Sache, romantisch für einen fernen Zenmeister zu schwärmen; etwas radikal anderes ist es, einen Schlag mit dem Zenstab verpaßt zu bekommen, auf daß die Blase des Ego platzt.

* Dänischer Mystiker, lebte 1890–1981. Hauptwerk: *Det tredje Testamente* (Anm. d. Übers.).

2.5. Diese duale Situation (beispielsweise daß sich das Bewußtsein in überwältigendem Maße und ausschließlich des Lichtes oder der Liebe bewußt ist) ist die letzte mögliche vor dem Zusammenbruch des gewöhnlichen Bewußtseins und seiner Verwandlung zu transdualem Einheitsbewußtsein.

Die Verwandlung tritt ein, wenn die Mauer des gewöhnlichen Bewußtseins durchbrochen wird. Das höhere Bewußtsein ist eingesperrt und verborgen im Ich–Bewußtsein gegenwärtig, wie ein Vogeljunges im Ei. Wenn die Schale des Ich die ersten Risse aufweist, kann das Selbst beginnen, in der Welt zu sein und zu sehen.
Nun ist es nicht etwa so, daß der Mechanismus des Ich auf einmal in einem dramatischen Ereignis überwunden würde. Es handelt sich um einen Prozeß. Zunächst wird das Ich geöffnet. Jetzt ist das Bewußtsein gelegentlich frei. Seine Perspektive ist manchmal erweitert und erhöht. Wieder und wieder aber strebt des Bewußtsein in die Begrenzung des Ich zurück und sucht Sicherheit, in Selbstvergessen, in Angst und nicht zuletzt in alter Gewohnheit. Aber das Bewußtseinsmonopol des Ich ist gebrochen. Das bipolare meditative Bewußtsein wird seinen Ich–suchenden und Ich–erhaltenden Aspekt öfter und öfter zur Grenze führen und ihm den Weg in die Offenheit hinaus zeigen.
Dieser Prozeß spiegelt sich im Traumleben, im unbewußten vegetativen körperlichen Leben und im astralen symbolischen Leben. Es treten Träume und Erlebnisse von Prozessen des Todes und der Wiedergeburt auf, die gleichzeitig den Durchbruch des Bewußtseins vorwegnehmen. Symbole der Verwandlung melden sich. Das Geburtstrauma mit seinen Symbolkreisen und Gefühlsmatrizen rührt sich. Diese vorbereitenden Prozesse können sich über Jahre hinziehen; und sie führen nicht mit Notwendigkeit zu einem bewußten Durchbruch. Oft erscheinen solche Symbolprozesse in Verbindung mit anderen ichhaften oder individuationsbestimmten Übergangsereignissen. Auf der anderen Seite wird es aber oft so sein, daß Parallelverläufe vom Charakter eines Tod- und Wiedergeburtprozesses eintreten, wenn ein meditativer Prozeß der Verwandlung stattfindet, der tatsächlich in einem bewußten Durchbruch endet.
Der meditative Durchbruch aus der dualen Funktion des Bewußt-

seins in einen transdualen Augenblick der Erleuchtung ist ein dramatischer Prozeß, eine Revolution im Leben eines Menschen. Das Bild von einem Vogeljungen, das aus dem Ei schlüpft, ist ein gutes Bild hierfür. Es vergeht viel Zeit nach dem Aufbrechen des Eies, bis der Vogel selbständig und flügge ist.

Da wir im Norden und in der protestantischen Welt keine tiefverwurzelte Mystik haben, sind uns diese meditativen Prozesse unbekannt. Die katholische Periode mit dem Auftreten der ersten Missionare bis zur Reformation erfaßte die nordische Seele nicht richtig. Kriterium dafür, ob eine Religion oder spirituelle Schule Wurzeln faßt, ist die Frage, ob eine Bevölkerung eine esoterische Tradition entwickelt. Die Mystiker sind ein Zeichen dafür, daß eine Religion die tiefsten Schichten der Kultur in einem Volk erfaßt hat. Die exoterische Religiosität ist oberflächlich, vergleicht man sie mit der Mystik. Das Christentum hat sich in vielen Völkern verwurzelt. Dort aber haben sich eigene Mystiker entwickelt, die die tiefste denkbare Synthese des Christentums mit der Kultur und Eigenart des betreffenden Volkes ausdrücken. In Italien erblühten Franz, Dominicus, Katharina; in Spanien Theresa und Juan de la Crux. In Deutschland finden wir Eckehart und Hildegard, in Rußland Seraphim. Dies sind nur Beispiele. Es kommt darauf an, zu sehen, daß die protestantische Welt keine derartigen schulemachende, neuschaffende Entdeckungsreisende aufweist. Der Protestantismus ist per Definition exoterisch, er lehnt die Klosterbewegung und die Mystik grundsätzlich ab, obwohl es einige wenige Ausnahmen gab, die aber keine Schulen bildeten.

Eine exoterische Religion ohne Mystik läßt sich mit einer Tomatenpflanze im Norden vergleichen. Sie hält es am besten in Treibhäusern aus, im intellektuellen Bereich. Sie hat sich nicht wie die Kartoffelpflanze mit der Erde und dem Klima verbunden, mit dem Herzen des Landes und des Volkes.

Aus der Tatsache. daß es in der protestantischen Welt keine spirituelle Schulung gibt, und daß eine solche in tausend Jahren nicht heranwachsen konnte, resultiert einerseits eine naive Unwissenheit, was Meditation und Gebet eigentlich sind. Es fehlen nahestehende und echte protestantische Beispiele, nach denen sich die Prozesse ausrichten können. Auf der anderen Seite führt dieser Mangel eine Offenheit und eine gewisse Vorurteilslosigkeit mit sich, wobei letztere unter den zivilisierteren Bevölkerungen der Erde recht selten ist. Fast überall auf unserem Planeten haben die verschiedenen Kulturen nämlich intrakulturelle Beispiele esoterischer Schulung, oder einfacher ausgedrückt: in den meisten Ländern gab es Mystiker, die in der Volkskultur tiefe Spuren hinterlassen haben.

Was augenblicklich in der protestantischen Welt – vielleicht als Zeiterscheinung – vor sich geht, enthält vielleicht erste Anzeichen dafür, daß sich ein authentischer protestantischer Schulungsprozeß entwickelt. Wir gleichen im Norden und im Protestantismus spirituell gesehen einem Land, das noch kein Universitätswesen entwickelt hat. Und das gesamte zivilisatorische Ausbildungs- und Bildungsniveau hängt davon ab, ob ein Land seine eigene Universitätsorganismen entwickelt hat.

Es versteht sich, daß ein Land, in dem es nur Gymnasien gibt, an denen vielleicht obendrein nur Gastlehrer unterrichten, nicht gerade hohe Maßstäbe und Vorstellungen hat. Wie in Holbergs Komödie ist der Küster das Äußerste, was man an Gelehrsamkeit fassen kann. Es gibt keine authentische spirituelle Schulung.

Die esoterische Mystik in einem Land macht es möglich, daß weitaus mehr Menschen einen Weg zu Gebet und Meditation finden und auf ihm fortschreiten können. Ohne derartige Wegekarten und Spuren in den tieferen Schichten der Bevölkerung werden die meisten sich verirren, oder sie werden bei den einleitenden Stufen des Prozesses stagnieren.

Für das gewöhnliche Bewußtsein ist seine Quelle verborgen; und das bedeutet, daß die Tür zur echten Mystik verborgen ist.

Meditation und Gebet können nach einem durchgreifenden Lebens- und Entwicklungsprozeß das gewöhnliche duale Ich–Bewußtsein bis an die Grenze seiner dualen Funktionsweise führen.

Diese Grenze ist das bipolare Bewußtsein, dessen Inhalt ein einziger alles umfassender Gegenstand oder Zustand ist. Auf dieser Grenze, kurz vor dem Zusammenbruch und der Verwandlung des Ich–Bewußtseins, benötigt der einzelne Mensch die Hilfe und Beratung, die echte Mystik geben kann.

Eben diese Grenze definiert den Unterschied zwischen der exoterischen und der esoterischen Dimension. Die exoterische Religiosität und Spiritualität hat die Funktion und die Grenze des Ich–Bewußtseins als Wirkungsfeld. Esoterische, mystische Spiritualität und Religiosität dagegen entfaltet sich jenseits der dualen Bewußtseinsdimension des Ich.

Man möchte hoffen, daß sich eben in der protestantischen Welt gute Möglichkeiten für die Entwicklung einer moderneren spirituellen Übungstechnik ergeben, die weniger naiv–religiös wäre, sondern mehr wissenschaftlich und trans–sektiererisch; einer Technik, deren Zielrichtung das 21. Jahrhundert ist und nicht die Vergangenheit.

Eben weil wir in der protestantischen Welt in einem Zeitraum von etwa 500 Jahren kaum von esoterischer Religiosität geprägt wurden, könnte dieses unmittelbare Handicap vielleicht den Hintergrund für die Ausformung einer mehr auf die Zukunft hin orientierten Bewußtseinsforschung bilden, mit einer eher allgemeinmenschlich orientierten Übungspraxis.

Die folgenden Kapitel werden sich mit eher avancierten Prozessen in Verbindung mit der Übung und Erforschung der höheren, nicht länger dualen Bewußtseinsfunktionen befassen.

3. Der Übergang

3.1. Der Übergang von dualem zu transdualem Bewußtsein kann nicht durch das normale Bewußtsein geschehen.

Das gewöhnliche Bewußtsein erlebt sich selbst in der Regel als eine Ganzheit. Was auch an Information in es hineinfließt , aus der Welt durch die Sinne, aus dem Inneren durch Phantasie und Gefühl, durch Gedanken und Assoziationen, all das macht das bekannte Bewußtsein des Ich aus.
Nun ist man sich seit Freud, Jung, Reich und Grof im großen und ganzen einig, die Existenz eines Bewußtseinsbereiches außerhalb des Horizontes des Ich anzunehmen; zunächst das sogenannte Unbewußte. Dieses Unbewußte (das persönliche und das kollektive) ist eine Art gemeinsamer Lagerkeller unter dem gewöhnlichen Bewußtsein. Hier wird aller Stoff der Erfahrung, des Gefühls und der Phantasie aufbewahrt. Dieser Stoff ist nun in primärer Form organisiert, er ist kreuz und quer miteinander verflochten und ist in Komplexen geordnet – in primärem Denken, pars pro toto, Gedankenverschiebung und -zusammenziehung und anderem mehr.
Außerdem ist dieses Unbewußte eine kreative Matrix. Das Ich wird aus ihm geboren. Und hier befinden sich Keime für Ideen, Leben, Schicksal, Problemlösungen und vieles mehr.
Mystiker sind aufgrund zahlreicher Erfahrungen der Ansicht, daß es jenseits des Horizontes des Ich auch einen höheren Bereich gibt: den des Göttlichen. Die verschiedenen religiösen und spirituellen Richtungen sind sich in ihren esoterischen oder mystischen Aspekten einig darüber, daß der Mensch – zwar erst nach einem mühsamen Prozeß und mit viel notwendiger Hilfe – diesen göttlichen Bewußtseinszustand erreichen kann in der Realisierung: nicht ich lebe, sondern Christus lebt in mir (Paulus), oder: ich bin eins mit Allah (Mansur) oder mit Brahma (die Upanischaden). Die Mystiker behaupten, daß es außerhalb des Ich eine höhere, göttliche Region des Bewußtseins gibt, und daß es für das Ich möglich ist, mit diesem kosmischen oder göttlichen Bewußtsein eins zu werden.
Und dann finden sich diejenigen, die versuchen, allen diesen verschiedenen Bewußtseinsfunktionen Platz zu schaffen; darum verhal-

ten sie sich zu einem eher deskriptiven, hypothetischen Modell, in dem es das Ich gibt, das Unbewußte und die höheren Bewußtseinsfunktionen (das Selbst, das offene Feld und den erleuchteten Zustand der Einheit).

Die christlichen Mystiker haben viele Namen für das Unbewußte (etwa die Erbsünde), meistens aber bezeichnen sie die Impulse des Unbewußten als vom Teufel herrührend. Die erleuchteten buddhistischen Meister haben das kollektive Unbewußte sehr präzise als Allgrund beschrieben; als kollektiven Lagerplatz, als Ansammlung von Schicksalskeimen (Klesas); als Karmareservoir.

Umgekehrt versucht Jung einige der höheren Bewußtseinsfunktionen dem kollektiven Unbewußten zuzuordnen, etwa den Archetypus der Weisheit und den des Selbst.

Lebt jemand primär in der Ichfunktion, so wird zweifelsohne auch eine ausgeprägte Tendenz bestehen, das Unbewußte und das höhere Bewußte miteinander zu vermischen und daher auch zu verwechseln. Auf weniger kritischen Stufen der Entwicklung erscheint das Unbewußte in der Form, daß es auf eine Heerschar von Dämonen, Geistern, Nymphen, Trollen, Kobolden, Elfen, Hexen und dergleichen mehr projiziert und hypostasiert wird; wie sich auch das höhere Bewußtsein auf eine Unzahl von Göttern, Göttinnen, Engeln und Lichtwesen abbildet und projiziert.

Nur die fortgeschrittensten unter den Mystikern der verschiedenen Traditionen, die nüchtern–kritischen, vielleicht eben die, die im eigentlichen Sinn erleuchtet sind, haben den letzten Schritt getan und das Bewußtsein als die multidimensionale Quelle aller dieser Formen und Bezeichnungen von Dämonen und Göttern gesehen.

Wir wollen also annehmen, daß es eine ganze Reihe von möglichen Funktionen des Bewußtseins gibt. Einige unter ihnen sind weniger differenziert und primitiver als die des Ich; andere dagegen wesentlich nuancierter, höher entwickelt und umfassender als sie.

Ähnlich wie unter den für uns sichtbaren Wellenlängen des Lichts unsichtbares, infrarotes Licht liegt – und darunter noch weit mehr –, liegt unter den für das Ich sichtbaren Schwingungen des Bewußtseins das Unbewußte. Und wie sich jenseits des sichtbaren Lichts schnellere, ultraviolette Spektren befinden – und nach ihnen eine

Unendlichkeit –, so gibt es jenseits der Ebene des Ich die höheren Vibrationen, Ebenen oder Funktionen des Bewußtseins.
Und das Ich erlebt klar und deutlich, daß der Übergang von dualem zu transdualem Bewußtsein nicht kraft des gewöhnlichen Bewußtseins erfolgen kann.
Daraus ergibt sich der nächste Punkt:

3.2. Die Verwandlung des Übergangs geschieht durch einen externen Faktor.

Das gewöhnliche Bewußtsein erfährt, daß die Transzendenz aufgrund eines Impulses erfolgt, der erlebt wird, als ob er einem Bereich jenseits des Horizontes des gewöhnlichen, dualen Bewußtseins entstamme.
Von den Mystikern des Westens wird dieses Phänomen Gnade genannt. Die Mystiker des Ostens nennen es Energieüberführung oder Bewußtseinsüberführung. Es ist wichtig zu verstehen, daß ein solches Erlebnis in der Dimension des Ich–Bewußtseins eindringlich und überzeugend so registriert wird, als komme es von außen, also von einer Quelle, die im entscheidenden Sinn andersartiger Natur ist. Eine andere, bisher unbekannte Dimension bricht als revolutionierende Erfahrung existentiell-konkret in das Ich–Bewußtsein herein.

3.3. Der fremde Impuls setzt erst in dem Augenblick ein, da das gewöhnliche Bewußtsein seine Funktion einstellt und sich selber aufgibt.

Die absolute Souveränität des Ich wird gebrochen. Seit seinem Beginn kennt sich das Ich – und erinnert sich seiner selbst – als das wichtigste, das nahestehendste, als das Zentrum. Und eben das ist, wie schon oft erwähnt, der Sinn und die Idee der Ich-Funktion. Ein Ich kann nur dann ein rechtes Ich werden, wenn es lernt, sich als Zentrum der Welt durchzusetzen. Das Ich ist das, worum sich alles dreht.

Eben darum kann das Ich unmöglich begreifen – und sei es auch nur intellektuell –, daß es zur Seite treten kann, ohne daß das den Tod, das Ende aller Dinge bedeutet.
Zwar weiß es, daß es vermutlich im Schlaf nicht vorhanden ist; aber mit diesem sekundären Detail befaßt es sich nicht gerade übermäßig eingehend. Denn das Ich ist das wichtigste – und muß es für das Ich auch sein.
Darum geht es nicht gerade still zu, wenn ein Ich sich selbst aufgibt. Das ist schließlich eine welthistorische Begebenheit für dieses Ich – jedenfalls bevor es geschieht. Hinterher kommt es vielleicht eher wie ein morgendliches Erwachen vor.
Vergleichen wir das Ich mit einem Haus. Man kann die Fenster öffnen, so daß Sonne und Luft einströmen können. Das bedeutet nicht, daß das Ich sich selber aufgibt. Es bedeutet, daß das Ich eine spirituelle Erfahrung hat. Nun hat es Gold und Gut, und obendrein noch spirituelle Erlebnisse.
Man könnte auch die Tür öffnen: nun kann das Ich aus seinem Haus gehen und sich die Welt da draußen ansehen. Auch das bedeutet nicht die Aufgabe des Ich; es ist nicht transduales Bewußtsein. Es bedeutet, im eigentlichen Sinn, den Körper verlassen zu haben. Noch immer ist das Bewußtsein dual; es kann sich die Welt aus dem Haus hinaus ansehen, und es kann hinausgehen und sich das Haus und die Welt von draußen anschauen. Nun hat das Ich Haus und Heim und obendrein okkulte Fähigkeiten.
Ist das Ich ein Haus, so mag der Fall eintreten, daß das Bewußtsein erwacht und erkennt: es träumte nur, ein Haus zu sein; es glaubte, es sei ein Ich–Haus. Jetzt ist es aber für einen kurzen Augenblick erwacht und begreift nun, in diesem wachen Zustand, daß Ich–Haus, Fenster, Türe und äußere Welt nur ein Traum waren.
Hinterher ist es wieder im Traum, an seinem Platz im Haus. Fenster und Tür sind offen. Und das verschlafene Träumen des Ich ist ein wenig luzider geworden. Von nun an findet sich im Ich ein Wissen. Es weiß, daß das Haus eine Kulisse ist und das Im–Haus–sein nichts weiter als eine Rolle. Es hat herausgefunden, daß sich das Bewußtsein mit der Rolle des Schauspielers identifiziert hatte. Die Schauspielerin ist erwacht und hat erkannt, daß sie eine Rolle spielte. Sie

glaubte, sie sei Norma Jensen, und hatte vollkommen vergessen, daß sie sie auf einer Bühne spielte.
Nun spielt sie zwar wiederum Norma Jensen; jetzt aber tut sie das nicht mehr in Selbstvergessenheit.
Ein Ich, das das für es selbst welthistorische Erlebnis der Selbstaufgabe erfahren hat, ist hinterher zwar wiederum ein Ich, nun aber weiß es von höherem Bewußtsein. Dieses Wissen hat sich im Ich etabliert. Ein solches Ich wird nie wieder sein Wissen vom eigentlichen Wesen des Bewußtseins und seiner Freiheit vergessen können.
Dieses Bild kann vielleicht ausdrücken, was damit gemeint ist, daß das Ich zusammenbricht und sich selber aufgibt – daß es im höheren Bewußtsein enthalten ist.
Ein Ich kann nun aber auf viele verschiedene Weisen zusammenbrechen. Sinkt es ins Unbewußte hinab, so wird es von archetypischen und persönlich unbewußten Inhalten überschwemmt. Das ist dasselbe wie ein psychotischer Zusammenbruch und hat nichts mit den Dingen gemein, von denen wir hier reden.
Daß sogenannte Meditation ein solch unglückliches Ereignis auslösen kann, liegt vor allem an mangelhaftem Wissen über die Bedingungen, die erfüllt sein müssen, bevor man mit dem Meditieren beginnt.
Es ist nicht nur unverantwortlich, sondern geradezu schädlich, Meditation in mehr präzisem und insistentem Sinn zu beginnen, ohne daß die Bedingungen, die wir oben (in 1.10) erwähnten, ausreichend erfüllt sind. Meistens geschieht dies leider aus Unwissenheit oder aber aus intellektuellem Ungleichgewicht, wenn nämlich jemand über die Tatsachen informiert ist und dennoch dieses Wissen mißachtet.
Wenn wir hier davon reden, daß das Ich sich selber aufgibt, so meinen wir ein entfaltetes, einsichtsvolles, ausgeglichenes und existentiell sattes Ich mit der rechten Art der spirituellen Motivation.
Wenn ein solches Ich nach Jahren meditativer oder betender Praxis bereit ist, so wird die hier erwähnte Art der Ich–Transzendenz vielleicht eintreten können. Und sollte das geschehen, so geschieht es – jedenfalls erlebe ich das so – kraft eines externen Faktors. Dieser Faktor ergreift das Bewußtsein im Augenblick des Fallens. Es gibt

viele Formen eines solchen Fallens. Wir nannten schon den psychotischen Sturz. Es gibt das spirituellen Fallen, das man ebensogut als ein Aufsteigen bezeichnen könnte. Es gibt das moralische Fallen, das psychische, dichterische und poetische Fallen.
Friedrich Dürrenmatt beschreibt dichterisch ein religiöses Fallen: «Gott ließ uns fallen, und so stürzen wir denn auf ihn zu.»
Ein anderer Dichter, Rainer Maria Rilke beschreibt dieses poetisch-religiöse Fallen auf sehr schöne Weise in einem Gedicht:

Herbst

Die Blätter fallen, fallen wie von weit,
Als welkten in den Himmeln ferne Gärten.
Sie fallen mit verneinender Gebärde.

Und in den Nächten fällt die schwere Erde
Aus allen Sternen in die Einsamkeit.

Wir alle fallen. Diese Hand da fällt.
Und sieh dir andre an! es ist in allen.

Und doch ist Einer, welcher dieses Fallen
Unendlich sanft in seinen Händen hält.

Dieses Gedicht drückt die Stimmung des Zutrauens aus, daß es etwas gibt, das trägt, etwas, das das Ich haben muß, wenn es den Fall in die spirituelle Leere wagen will. Eben weil es in seinem Haus lernt, mit offenen Fenstern zu leben, entwickelt es das Zutrauen, welches notwendig ist.
Wenn das Ich die spirituellen Erlebnisse zur Selbstrelativierung und Vertrauen verwendet und nicht als Federn, die es sich an den Hut stecken kann, so trägt diese Offenheit dazu bei, es auf das entscheidende Ereignis vorzubereiten.
Vergleichen wir die normale Wirklichkeit und das gewöhnliche Ich–Bewußtsein mit einem Traum, wenn sie von der Perspektive des hö-

heren Bewußtseins aus gesehen werden, so wollen wir damit nicht ausdrücken, daß Ich und Welt in sich selbst Illusionen wären. Für das Ich sind beide überaus wirklich, sie sind ganz entschieden das, was am meisten Wirklichkeit besitzt.

Aber wenn auch ein Ich sehr wohl weiß, daß es selbst, ebenso wie die Welt und die Wirklichkeit die größte Realität besitzt, so kann es dennoch, wenn es differenziert ist, zugleich einräumen, daß die nächtliche Welt der Träume einen geringeren, aber nichtsdestoweniger auch nützlichen Grad an Wirklichkeit aufweist. Daß das so ist, das haben wir wohl alle von der Tiefenpsychologie gelernt: die Träume sind der Königsweg zum Unbewußten. Und: Träume wirken, ergo sind sie wirklich. Für das höhere Bewußtsein wird, wenn es wirksam ist, die Dimension des Ich als wirklich erscheinen – wenn auch in minderem Grade, als traumhafte Wirklichkeit. Aber dieser traumartige, geringere Grad an Wirklichkeit entsteht durch die Selbstvergessenheit des Bewußtseins.

Man könnte es auch auf folgende Weise ausdrücken: Wenn das Bewußtsein sich selbst vergißt und folglich glaubt, die duale Wirklichkeit und das entsprechende Bewußtsein sei die ganze Wirklichkeit, so wird diese duale Wirklichkeit dadurch zu einem Traum. Wenn das Bewußtsein aber erwacht und zu sich selber kommt, und wenn es sich nun – erwacht – durch den dualen Mechanismus zu sich selbst und zur Wirklichkeit verhält, so ist es nicht mehr Traum, sondern Wirklichkeit. Der Unterschied zwischen dualer und transdualer Wirklichkeit ist immens, solange das Bewußtsein sich selbst vergessen hat und glaubt, seine duale Form sei die Wirklichkeit. Ist es aber erwacht und befindet sich in der transdualen Wirklichkeit, so gibt es – wie sich versteht – keinen Unterschied zwischen dualem und transdualem Bewußtsein, dualer oder transdualer Wirklichkeit.

Ein Mensch besteht aus Milliarden von einzelnen Zellen. Nehmen wir einmal an, jede einzelne dieser Zellen besitze ein individuelles Zellenbewußtsein: jede von ihnen nähme in diesem Falle sicherlich an, eben sie sei die wichtigste. Ihre Arbeit, ihr Leben und ihre Wirklichkeit mag darin bestehen, daß sie pulsiert, daß sie gewisse organisch-chemische Verbindungen synthetisiert. Ihre Wirklichkeit ist eine große, obzwar begrenzte Anzahl an benachbarten Zellen. Man

mag sich ruhig vorstellen, daß jede dieser Zellen eine enge Zellenfamilie der nächsten Nachbarn hat. Und jede dieser Zellenfamilien lebt in einer großen unüberschaubaren Zellengesellschaft – etwa der Leber, den Augen oder anderem.
Vom Standpunkt unseres Ich–Bewußtseins wäre dieses Verständnis der Wirklichkeit und diese Beschreibung überaus eng, obwohl nicht eigentlich falsch; wenn die Zelle für sich aber postulieren würde, sie sei die wichtigste, sie sei das Zentrum, während das Ich gleichzeitig alle anderen Milliarden von Zellen mit der gleichen Behauptung hört – dann würde das Ich bestimmt nachsichtig lächeln.
Wenn nun aber die einzelne Zelle damit anfängt, ihre Wirklichkeit und ihr Bewußtsein zu universalisieren, wenn sie behauptet, dies sei die Welt, und das höchste was man werden könne, sei eine Zelle, – ja, dann wird das Ich–Bewußtsein Widerspruch einlegen und der Zelle vorwerfen müssen, dies als so enggefaßt anzusehen, daß es besser wäre, es Traum oder Illusion zu nennen.
Das Zellen–Ich kann aber nicht begreifen, was das Menschen–Ich sagt, und hält daher an seinem Standpunkt fest. Obendrein hat sich unter den Zellen inzwischen das Gerücht ausgebreitet, es gebe eine verborgene Wirklichkeit. Es heißt, tief innen im Zellkern befinde sich etwas sozusagen Gemeinsames, eine Art Grundlage, die alle Zellen miteinander teilen.
Und das Ich versucht sich ein letztes Mal: Ihr habt sicher das System der Chromosome entdeckt. Nein antworten die Zellen, es ist etwas noch geheimnisvolleres, es läßt sich nicht erkennen, es ist, was die klügsten unter uns die Zelle *an sich* nennen, ein grundsätzlich unerkennbares, aber als notwendig vorausgesetztes Zellensubjekt. So viel ist jedenfalls sicher: eine Zelle ist nicht Zelle ohne einen Kern. Und dieses Unbekannte im Innersten des Kernes ist die Voraussetzung; es ist unbewußt, und es ist ein *Ding an sich.*
Wenn das Ich also sagt, daß die Wirklichkeitsauffassung und Bewußtseinsfunktion der Zelle Illusion oder Traum ist, so meint es damit folgendes: die Zelle glaubt zwar, sie sei ein Zentrum; das Ich aber weiß, daß das nicht so ist. Die Zelle glaubt, der Kern sei unbewußt und *an sich,* das Ich aber weiß, daß der Kern aus Chromosomen besteht, die sich wiederum aus Genen zusammensetzen, deren

Bausteine Aminosäuren sind, die sich aus Molekülen bilden, die aus Atomen zusammengesetzt sind.
Der Fehler der Zelle liegt darin, daß sie glaubt, das, was sie wisse, sei das ganze. Was sie weiß, ist an und für sich schon in Ordnung; ihre Perspektive, ihre Wertung und ihre Konklusionen sind allerdings absolut verkehrt. Und das Ich weiß auch nicht, ob es vermag, die Zelle ihrer Illusion zu berauben, sie sei das Zentrum.
In unserem Bild ist das Ich–Bewußtsein der externe Faktor im Verhältnis zum Zellenbewußtsein. Und der Übergang vom Zellenbewußtsein zum Ich–Bewußtsein erfolgt erst in dem Augenblick, da die Zelle ihr Bewußtsein, ihre Perspektive und ihre Lebensanschauung aufgibt.

3.4. Das Neue, Andere, Fremde tritt entweder durch einen konkreten Menschen hervor, der bereits die nonduale Funktion des Bewußtseins besitzt, oder aber direkt aus dem nondualen Bewußtsein: durch visionäre Transmission, durch innere Initiation; aus dem Bereich des Göttlichen.

Das Ich–Bewußtsein befindet sich seiner dualisierenden Tendenz gemäß zwischen zwei Bewußtseinsfeldern, die eine andere Funktionsweise haben; dem Unbewußten und dem höheren Bewußtsein. Diese beiden Felder enthalten eine überwältigende dynamische Energie. Das Ich erlebt eine reelle Übermacht außerhalb seines selbst. Diese Übermacht ist wirklich; ihre Spiegelung im Ich hat viele Bezeichnungen: zunächst einmal sind es Vater und Mutter, später ist es die Gesellschaft, das Schicksal, das Los, das Göttliche, der Zufall, das Numen, das Absolute, und anderes mehr, je nach Natur des jeweiligen Menschen. Die Übermacht befindet sich außerhalb; wie auch das Los oder Gott. So jedenfalls empfindet es das Ich, und so muß es, als Teil, empfinden.
Das Ich findet sich also zwischen zwei großen, magnetisch anziehenden, faszinierenden, zugleich aber strömenden und nicht kontrollierbaren Feldern: dem Unbewußten und dem höheren Bewußtsein. Soll das Ich beiseite treten, ohne Gefahr zu laufen, von den Kräften

und Inhalten des Unbewußten überwältigt zu werden, so muß zunächst dessen Überdruck gemindert und integriert sein. Um dies durchführen zu können, muß das Ich entfaltet und stabil sein und gut funktionieren. Dieses stabile Ich kann dann – falls es das Bedürfnis oder, aus irgendwelchen Gründen, die Notwendigkeit verspürt – daran arbeiten, die unbändige Dynamik des Unbewußten zu integrieren und zu ordnen. Im persönlichen Unbewußten sind dies der Schatten und Traumata der Kindheit, also die Biographie; im kollektiven Unbewußten der Sexualtrieb, Agression und Gewalt, Archetypen und Astralität.
Hat das Ich nämlich sein Verhältnis zum Unbewußten nicht bearbeitet, so wird es, wenn es zur Seite tritt, von dessen Inhalten überwältigt werden.
Hat es sich aber in diesem Verhältnis ausreichend orientiert, so ist es bereit, den spirituellen Prozeß der Meditation zu beginnen.
Diese Bereitschaft entsteht, indem man therapeutisch arbeitet, Sprache und Wege der Träume kennenlernt, sich mit dem Körper befaßt, die drei untersten Chakrabereiche – Wurzel, Hara und Solarplexus – reinigt und sich um die Transformation von Sexualität und Emotionalität bemüht. All dies ist notwendige Vorarbeit: Selbstentwicklung als Voraussetzung für einen tieferen spirituell–meditativen Prozeß.
Ein Ich, das derart vorbereitend an einem ausgeglichen Unbewußten gearbeitet hat, kann sich ohne Risiko darin üben, allmählich der Grenze des dualen Bewußtseins näher zu kommen, um dann weiterhin – auf dieser vibrierenden Grenze – das Ego aufzugeben.
Läßt das Ich nun am äußersten Rand des gewöhnlichen Bewußtseins sich selbst los, läßt es sich selbst fallen und alles, was es kennt, so kann sich – in diesem Augenblick – das höhere Bewußtsein aktualisieren im Erlebnis des externen Faktors, der Gnade oder der Transmission.
Eine solche Begebenheit als «Erlebnis» oder «Erfahrung» zu bezeichnen, ist eigentlich unmöglich; denn diese Wörter sind sprachlogisch gesehen dual: ein Erlebender steht dem Erlebten gegenüber. Transmission, Illumination, Unio Mystica sind für die Sprache des Ich Paradoxe: ein Erleben dessen, daß alles Erleben aufhört; eine Erfahrung, die gerade keine Erfahrung ist, da das Bewußtsein sich momentan oder für längere Zeit in seinem nondualen Modus befindet.

Es gibt, wie es scheint, nur zwei Formen, in denen sich diese Begebenheit strukturieren kann. Entweder erlebt der betreffende Mensch, daß der von außen kommende Faktor aus dem höheren Bewußtsein eines anderen lebenden Menschen kommt; oder aber er empfindet ihn als direkt dem höheren Bewußtsein entstammend. In beiden Fällen erlebt das Ich im Augenblick des Zusammenbruches, daß das Neue von außen kommt, von jenseits seines Horizontes und seiner Grenze.
In den verschiedenen spirituellen und religiösen Schulungsweisen finden sich wieder und wieder Beschreibungen beider Erfahrungstypen; denn sie sind der zentrale Wendepunkt des gesamten spirituellen Prozesses.
In der westlich–christlichen Tradition der Mystik herrscht tendenziell der Erfahrungstypus vor, der direkt aus dem höheren Feld stammt. Hier ist die Anzahl an Beschreibungen der unvermittelten, synchronen Transmission weit höher als die der diachronen Vermittlung, die durch einen lebenden, konkreten Menschen erfolgt.
Wir wollen dies genau verstehen. Wenn Franz von Assisi in seinem Prozeß die entscheidenden Initiationen erreicht, so erfolgen sie direkt im Verhältnis zum Christusbewußtsein, das wir hier als Manifestationsform des höheren Bewußtseins verstehen. Wenn er schließlich auf La Verna dem sechsfach geflügelten Cherub gegenübersteht und in einem Erlebnis der Unio Christi stigmatisiert wird, so ist dies eine Begebenheit im Prozeß der endgültigen Erleuchtung. Diesen Typus der synchronen Vermittlung finden wir bei Theresa von Avila, Hildegard von Bingen, Meister Eckehart und vielen anderen mehr. In der christlichen Mystik ist dies die Regel. Das heißt nicht, daß die diachrone Transmission von Lehrer zu Schüler in der christlich–westlichen Spiritualität nicht dokumentiert wäre. Wir finden sie etwa bei Franz an Leone; vielfach in der russischen Tradition des Herzgebetes, zum Beispiel um Seraphim von Sarov und Motovilov; und auf dem Berg Athos.
In der östlichen Spiritualität sieht es anders aus. Hier finden sich lange Ketten derartiger Transmissionslinien, in denen erleuchtete Lehrer die Transmission an ihre Schüler weitergegeben haben; und diese Schüler, die selber erleuchtet wurden, gaben das erleuchtete Bewußtsein an ihre Schüler weiter. In der indischen spirituellen Tra-

dition, im Buddhismus in China, Japan und Tibet gibt es zahlreiche Dokumente darüber. Noch heute gibt es im Osten einzelne erleuchtete Meister, die in deutlichen wohlbekannten Linien über mehr als zweitausend Jahre die Transmission des erleuchteten Bewußtseins von Lehrer zu Lehrer tragen. Und diese einzelnen und seltenen Ketten sind bis heute bruchlos.

Allerdings gibt es auch im Osten die direkte Transmission des höheren Bewußtseins. Sie wird vielfach beschrieben. Als Beispiele mögen Jig Med Lingpa aus dem sechzehnten Jahrhundert und Garab Dorje aus dem zweiten Jahrhundert v.Chr. dienen.

Garab Dorjes Mutter war Nonne und Jungfrau. Sie empfing ihren Sohn nach einer meditativen Vision. Und dieses leuchtende Kind einer Jungfrau debattierte schon als Siebenjähriger mit den gelehrten Pandits und überzeugte sie.

Später wurde Garab Dorje der erste Dzogchen–Meditationslehrer in Indien: ein erleuchteter Meister von höchstem Niveau, in dessen Transmissionslinie später der große tantrische Meister Padma Sambhava auftauchte.

Der Erlebniskern einer direkten Transmission ist in einen überaus energiegefüllten und wohlgeordneten Grenzzustand eingefaßt. Das offene, beobachtende Bewußtsein befindet sich in einer Vision: und hier, in der Form einer Manifestation höheren Bewußtseins, ist all das Vielfältige und Zerstreute gesammelt. Das Bewußtsein sieht eine Vision; das mag Christus sein, Buddha, Patanjali, Theresa. Alles leuchtet im aurischen Strahlenglanz des Meisterfeldes. Dies ist das duale Bewußtsein an seiner äußersten Grenze. Das gewöhnliche Bewußtsein tritt bis auf seine Rudimente in den Hintergrund. Inneres und Äußeres sind nicht länger die Koordinaten des Bewußtseins; inneres ist äußeres und umgekehrt. Das polare oder duale Feld ist ausgespannt zwischen dem offenen sehenden Bewußtsein auf der einen Seite dieser äußersten und letzten Grenze der Dualität und auf ihrer anderen Seite: der Vision, dem höheren Bewußtsein, geformt im funkelnden Strahlenglanz des Meisterfeldes. Dies ist die Wirklichkeit der Situation an der Grenze. Der Kern des Ereignisses, die Transmission, erfolgt in dem Augenblick, da die Grenze aufgegeben wird. Das Ich, welches das Duale ist, bricht zusammen; und der be-

trachtende Pol des Bewußtseins stürzt in die leuchtende Vision, die der betrachtete Pol des höheren Bewußtseins ist.
In dieser Verschmelzung erfolgt die Transzendenz der dualen Funktion des Bewußtseins. Für einen zeitlosen Augenblick ist das Bewußtsein in höheres Bewußtsein erweitert und mit diesem eins. Dies tritt im spirituellen Prozeß normalerweise erst dann ein, wenn das zweite Niveau der Initiation erreicht ist. Nach dieser Transmissionserfahrung ist alles anders. Das Ich, das nun das Bewußtsein wieder anzieht, anders gesagt: das Ich, welches nach seinem Tod und seiner Auflösung wieder aufgebaut wird – dieses Ich *weiß* jetzt; es sucht nicht mehr. Das Bewußtsein hat gefunden.
Der andere Typus der Transmission ereignet sich in der Begegnung mit einem Lehrer, der selber Transmission empfangen hat, entweder durch eine Vision oder aber von einem Lehrer.
Soll diese höchste Begegnung zwischen zwei Bewußtheiten stattfinden, so müssen – wie man im Osten sagt – die drei Echtheiten eintreten: ein echter Lehrer, das heißt, jemand, der authentisch die wache Funktion des höheren Bewußtseins besitzt; ein echter Schüler, dessen Suchen, Üben, spirituelle Vorbereitung und Niveau gediegen sind; und schließlich eine echte Begegnung – daß authentische Umstände bestehen: das rechte energetische Klima, die geeignete karmische Struktur, wirkliche Offenheit seitens des Lehrers und des Schülers.
Treffen diese drei Echtheiten zusammen, so kann die Transmission erfolgen. Die zentrale Erfahrung besteht darin, daß die beiden Systeme der Bewußtheit, das des Lehrers und das des Schülers, verschmelzen; hierdurch wird Wissen direkt und unvermittelt von Lehrer zu Schüler transportiert. Es ist, als ob eine brennende Kerze an eine noch nicht brennende gehalten wird. Sofort haben beide ein und dieselbe Flamme, und dann geschieht das Geheimnis, das Wissen und Können von der brennenden auf die bisher nicht brennende Kerze überführt. Im Augenblick des Anzündens ereignet sich das Wunder der Transmission. Und nach dem Mysterium dieses Augenblicks brennen beide Kerzen unabhängig voneinander.
Transmission, das aktuelle höhere Bewußtsein, kommt entweder direkt aus einer Vision oder aber aus dem höheren Bewußtsein eines lebenden Menschen.

4. Bewußtseinstransmission

4.1. Der Übergang von der gewöhnlichen dualen Bewußtseinsfunktion zu transdualem höherem Bewußtsein erfolgt in einer direkten Bewußtseinstransmission.

Da es in höherem Bewußtsein keine Unterscheidung gibt, ist das Bewußtsein, das transmittiert wird, das numerisch gleiche und selbstidentische Bewußtsein. Vom Gesichtspunkt des dualen Bewußtseins erfolgt zwar eine Transmission; von dem des höheren Bewußtseins aus ist dies jedoch nicht der Fall.

Für das gewöhnliche Bewußtsein besteht ein gravierender Unterschied zwischen einem Menschen, der höheres Bewußtsein kennt und davon weiß, und einem, dem es unbekannt ist. Aus dem Blickwinkel des höheren Bewußtseins gesehen ist dieser Unterschied jedoch traumhaft und unwirklich.

In der Sprache des Ich ausgedrückt, schläft das höhere Bewußtsein, wenn es auf die duale Funktion reduziert ist. Das höhere Bewußtsein wacht in der transdualen Anwendung und schläft in der dualen Funktion. Von der anderen Seite der Grenze gesehen, wird eben diese Grenze jedoch bis zum Verschwinden nivelliert. Vielleicht ließe sich die gesamte Zeit des dualen Bewußtseins eher als eine flüchtige Abwesenheit beschreiben, als kurze Distraktion des im übrigen wachen höheren Bewußtseins.

Was im Übergang transmittiert wird, ist eine höhere Perspektive. In der Perspektive einer einzelnen Zelle gibt es einen lebenswichtigen und entscheidenden Unterschied zwischen ihr selbst als dem zentralen Mittelpunkt aller Dinge und all ihren Nachbarn. In der Perspektive des Ich aber verschwimmen all die vielen Milliarden von Zellen zu einem Hintergrund, einer organisatorischen Gleichartigkeit. Die meisten Zellen leben, wie man sagt, etwa sieben Jahre; nach dem Verlauf dieser Zeit sterben sie und werden ersetzt. Milliarden von verschiedenen einander nachfolgenden Inkarnationen von Zellen leben und sterben und werden wiedergeboren ohne fühlbaren Unterschied für das Ich – und alles das nur, um das qualitativ anders geartete Ich–Bewußtsein aufrechtzuerhalten.

Im innersten Kern einer jeden Zelle liegt der Keim des höheren Bewußtseins - wenn man es aus der Perspektive der einzelnen Zelle sieht. Im Unbewußten der Zelle, als ein Numen an sich, liegen die Chromosome, der genetische Schlüssel, der im Prinzip alle notwendige Information enthält, um einen gesamten Menschen mit dem ihm eigenen Ich-Bewußtsein zu entfalten.

Der Unterschied zwischen dem Unbewußtsein der Zelle in ihrem Kern und dem höheren Ich-Bewußtsein der Zelle, von dem sie ja selbst ein Teil ist, ist deutlich. Sollte eine Zelle durch einen glücklichen Zufall, durch Meditation oder kraft der Gnade des Ich, dessen Perspektive entleihen und die unermeßliche und unbeschreibliche Wirklichkeit des Ich-Bewußtseins sehen, die im Verhältnis zu ihrer eigenen Wirklichkeit unendlich ist - würde sie da nicht von nun an den Unterschied zwischen sich selbst und ihrer Nachbarzelle anders betrachten? Würde sie sich nicht danach sehnen, wieder in der Perspektive des Ich-Bewußtseins zu sein, und sei es auch nur für einen Augenblick? Ob diese Zelle diese gewaltigen Zusammenhänge zu erfassen oder eindeutig zu beschreiben vermag: daß das unbewußte Numen im Kern - die Zelle an sich - in der Tat im Verborgenen eben den Informationsschlüssel enthält, der den Zugang öffnet zu dem gegenüber der Einzelzelle qualitativ höheren Ich-Bewußtsein, von dem die Zelle ja schließlich auch ein Teil ist - zwar ein sehr kleiner, dennoch aber konstituierender Teil?

Um bei diesem Bild zu bleiben: sollte eine einzelne Zelle für die Dauer eines Augenblickes am gesamten Bewußtsein des Ich teilhaben, so ist doch wohl verständlich, daß dies lediglich eine Art Anleihe ist. Das - im Verhältnis zur Zelle - höhere Bewußtsein des Ich wird in seiner Ganzheit in die Zelle transferiert.

Dies ist mit der Aussage gemeint, die besagt, daß der Übergang vom Ich zum höheren Bewußtsein in direkter Bewußtseinstransmission erfolgt; die Perspektive des Ich wird unermeßlich erweitert und wird Teil einer höher bewußten Funktionsweise, die schon vollständig entfaltet und wirksam ist.

4.2. Die Transmission enthüllt die Quelle des Bewußtseins und weist auf sie hin

Für das gewöhnliche Ich–Bewußtsein ist die Quelle verborgen. Versucht das Bewußtsein, logisch–intellektuell seine Quelle zu erkennen, so wird es sich in unüberwindliche Widersprüche verwickeln; versucht das Ich, das Ich zu erkennen, d.h. seine Quelle zu finden, so begibt es sich selbst in einen Teufelskreis: das Ich, das erkannt werden soll, ist schon vorausgesetzt – und eben darum nicht erkannt – in eben der Handlung, durch die es erkannt werden soll. Denn wer erkennt das Ich? – eben das Ich. Also ist das Ich, das erkannt werden soll, vorausgesetzt und folglich noch immer verborgen, entzogen, unerkannt.

Wendet das Bewußtsein sich zu sich selbst, so macht es sich selbst zum Objekt. Das Bewußtsein teilt sich in zwei Hälften: die betrachtete, das Bewußtsein als Objekt; und die betrachtende, das Bewußtsein als Subjekt. Wiederum folgt, daß das Subjekt des Bewußtseins, die eigentliche Quelle, verhüllt und vorausgesetzt ist.

Weiter als bis zu diesem Punkt wird das analytische, diskursive, logisch denkende intellektuelle Bewußtsein niemals kommen. Hier ist seine Grenze: die Quelle ist verborgen, das Bewußtsein teilt auf.

Die meditative Annäherung beginnt praktisch; und sie beginnt an ganz anderer Stelle.

Zunächst macht sich das Bewußtsein seine Grundstrukturen klar. Das Bewußtsein wechselt immer wieder seinen Gegenstand. Das meditative Projekt setzt seine Vorarbeit hier an: es übt Konzentration, d.h. dauerndes Gerichtetsein auf ein und denselben Gegenstand. Dies ist nun noch keineswegs Meditation; es ist Ausgrabung und Fundamentierung. Und das wird einige Jahre lang geübt, täglich, regelmäßig.

Das gewöhnliche Bewußtsein scheidet Subjekt von Objekt; und als ob das nicht genug wäre, identifiziert es sich mit dem Objekt und stellt sich auf dieses ein, während es das Subjekt unterbetont.

Dieses Unbewußtsein, dieser gewohnheitsmäßige Schlaf wird durch das bipolare Bewußtsein gebrochen: es geht darum, einen Gegenstand zu betrachten, sich aber gleichzeitig darüber im klaren zu sein, daß es einen Betrachter gibt. Das heißt nicht etwa, zu glauben, man könne nun plötzlich doch die Quelle des Ich, das eigentliche Subjekt des Bewußtseins erkennen. Das Vergegenwärtigen bipolaren Bewußtseins ist eine weitaus weniger aufwendige, dafür aber wirksame Übungsform. Während ein Gegenstand betrachtet wird, ist man sich konkret des Rätsels bewußt, ohne daß der Wunsch nach einer Lösung besteht. Man mag etwa einen Löwenzahn betrachten; gleichzeitig ist man auf den subjektiven Pol aufmerksam: wer betrachtet den Löwenzahn? Die Offenheit und der Aktualitätsbezug dieser Frage lenkt den Blick auf die innere Subjektivität, was mit der wachen Richtung nach außen auf die Betrachtung des gelben duftenden Löwenzahns zeitgleich abläuft. Dieses Verhalten wird auf nichtsprachlicher Grundlage eingeübt. Man sagt nicht wie ein Sportreporter: «Jetzt sehe ich einen Löwenzahn», sondern man betrachtet ihn einfach. Man kommentiert nicht: «Jetzt will ich daran denken, daß jemand da ist, der sieht!», sondern man ist ganz einfach aufmerksam. Man sucht den Betrachter, während man gleichzeitig den Löwenzahn betrachtet. Und in diesem sprachlosen Suchen objektiviert man nicht: – das Bewußtsein wird in einem Zustand der Offenheit gehalten und ist sich selbst zugewandt. Ein sprachloses, offenes Gleichgewicht zwischen dem betrachtenden Bewußtsein und dem gelben Löwenzahn.

Diese Verhaltensweise wird einige Jahre lang einige Stunden täglich geübt.

Hat sich das Bewußtsein in solcher Weise an äußeren Gegenständen geübt, so geht es systematisch zu inneren Gegenständen über – einem einzigen Gedanken; nur einem Gefühl; einem Organ, einem Chakra, einer Farbe; und wieder wird die bipolare Aufmerksamkeit in beiden Polen wach und offen gehalten. Im objektiven Pol: das Gefühl oder Chakra; und gleichzeitig im subjektiven Pol: wer ist sich des Gefühls bewußt? wer fühlt das Chakra? Sprachlose Offenheit.

Der letzte Schritt erfolgt, wenn das Bewußtsein wohlgeübt und bereit ist, sehr viel weiter zu gehen – das heißt sich der Grenze zu nähern: das Bewußtsein ruht in der Stille. Oder aber das Bewußtsein ist sich der Leere bewußt. Dies ist Sammlung. All die zerstreuten und vielfältigen Daten und Modifikationen des Bewußtseins sammeln sich in einem umfassenden, alle Aufmerksamkeit beanspruchenden Gegenstand oder Zustand.

Gleichzeitig ist das Bewußtsein in beiden Richtungen wach: der Beobachter weiß nach innen von der fragenden, nicht–sprachlichen Offenheit, während zugleich das Objekt, die Leere oder Stille, als nach außen gerichtet festgehalten wird.
Dies ist wiederum die Grenze des dualen Bewußtseins. Nun aber hat sich die Frage aus dem Bereich des gewöhnlichen intellektuell denkenden Bewußtseins heraus in einen existentiell offenen, sprachfrei fragenden meditativen Bereich bewegt. Hier vermag der Durchbruch einzutreten.
In der Transmission wird nun endlich die Quelle des Bewußtseins enthüllt, nicht als Gedanke oder intellektuelle Erkenntnis, sondern als ein «Erlebnis», das das Bewußtsein revolutioniert. Wie eine Operation an blinden Augen, die plötzlich zu sehen vermögen. Wie eine Verschiebung der Perspektive vom Bewußtsein der Zelle zu dem des gesamten Menschen. Die Enthüllung der Quelle des Bewußtseins ist nicht ein Gedanke, nicht eine Intuition, nicht ein Gefühl oder intellektuelle Erkenntnis. Sie ist kein philosophisches Anliegen. Sie ist eine Verwirklichung; der Übergang von blindem und zweifelndem Suchen und Tasten zu Finden und Wissen; die ultimative Erfahrung, die nicht mehr Erfahrung ist.
Der Mensch, der die Quelle des Bewußtseins gefunden und gesehen hat, der Mensch, der diese Quelle gewesen ist – dieser Mensch ist nicht mehr derselbe wie der, der suchte, philosophierte, versuchte, zweifelte und wiederum versuchte, meditierte und betete.
In dem Ereignis der Transmission wird die verborgene Quelle des Bewußtseins aufgezeigt und quasi dechiffriert. Nach diesem Ereignis kehrt das Bewußtsein zur gewohnten, schönen und noch immer notwendigen Form des Ich zurück. Ein solcher Mensch hat aber ein Erlebnis von der Art gehabt, die die Mystiker Illumination nennen: das ungehinderte Strahlen des Lichts aus dem meditativen Zentrum des Bewußtseins in dem Augenblick, da die Grenzen des gewöhnlichen Bewußtseins aufgehoben werden. In dieser Transparenz ist der Unterschied zwischen Innen und Außen, zwischen Bewußtsein und Gegenstand aufgehoben. Dies ist, was die Meister des Zen Satori nennen: die Schale des Ich ist gesprengt, das Bewußtsein sieht sein wahres Antlitz, für einen Augenblick ist es frei und ohne Grenzen,

jenseits von Raum und Zeit, Ich und Du, Körper und Gegenstand. Form und Funktion des Ich werden wiederhergestellt. Die Quelle des Bewußtseins aber ist nun nicht länger verborgen. Das Ich kennt seine Quelle.

4.3. Die Transmission des höheren Bewußtseins erfolgt durch Vereinigung mit einem bereits verwirklichten höheren Bewußtsein.

Einer der wichtigsten Aspekte des menschlichen Lebens ist die Begegnung mit anderen Menschen. Und es scheint von großem Wert, einander so intensiv wie möglich zu begegnen. Man kann physisch aufeinander treffen, sich gegenseitig berühren, spielen, kämpfen, sich umarmen. Und man kann sich auf energetischer Ebene treffen. Menschen können einander begegnen in Arbeit, Gefühlen, Liebe, intellektuellem Austausch und in spiritueller Gemeinschaft. Diese Verbundenheit mit anderen gehört sicherlich zu den sinnvolleren Anteilen des Daseins. Hinter den verschiedenen Arten von Begegnungen mögen sich viele Absichten und Gründe verbergen.
Wie tief können zwei Menschen einander begegnen? Können sie sich überhaupt begegnen? Wird nicht selbst die intensivste Begegnung noch ein Bedürfnis hinterlassen, ein Gefühl, im Innersten allein zu sein? Man wird allein geboren und stirbt auch allein. Sind Liebe, Freundschaft und Zuneigung trotz aller möglichen Zusammengehörigkeit durch eine unüberwindliche Mauer voneinander getrennt? Ein echtes Gefühl des Zusammengehörens oder eine echte Brücke der Liebe ist wohl das äußerste, was Menschen an Nähe empfinden können – mit der Begrenzung, daß ein Ich von allen anderen Ich getrennt ist und bleibt. Und ein gut funktionierendes, entfaltetes Ich akzeptiert diese Tatsache der fundamentalen Getrenntheit als das Salz, das vielleicht Liebe und Begegnung Leben verleiht.
In der Erfahrung des Mysteriums der Transmission erfährt der meditative Prozeß seine erste entscheidende Änderung. Hier wird offenbar, daß ein Bewußtsein in Identität mit einem anderen Bewußtsein verschmelzen kann, welches diesem Ich fremd ist – ob dies nun in

Verhältnis zu einem nicht–physischen Meisterfeld geschieht, was seltener vorkommt, oder zum bereits verwirklichten höheren Bewußtsein eines anderen Menschen, was das üblichere ist.
Transmission ist die absolute Begegnung zweier Verkörperungen des Bewußtseins. Sie ist gewissermaßen eine Fusion zwischen ansonsten atomar getrennten Bewußtheiten; und wenn sie eintritt, so wird ein überaus hohes Maß an Energie entwickelt.
Aus der Physik ist bekannt, daß schon die Spaltung eines Atomes beträchtliche Energie auslöst. Dies ist jedoch wenig im Vergleich zu der Energie, die entsteht, wenn zwei Atome zu einem komplexeren Atom verschmelzen. Vielleicht läßt sich dieses Bild auf das Bewußtsein transponieren.
Wenn ein einzelner Mensch als Individuum, als atomares Ich–Bewußtsein aus der Masse herauskristallisiert wird, so entwickelt sich eine Lebensenergie, die im Durchschnitt siebzig Jahre ausreicht. Die Bewußtseinsenergie, welche freigesetzt wird, wenn zwei getrennte Bewußtseinsfunktionen im Transmissionsmysterium der Bewußtseinsfusion miteinander identisch werden – diese Bewußtseinsenergie ist um ein Unermeßliches größer. Die Vereinigung des Bewußtseins des Lehrers mit dem des Schülers in ein und demselben höheren Bewußtsein verändert darum auch die Vorstellungen eines Menschen bezüglich dessen, was Begegnung bedeuten kann.
Betrachtet man die Geschichte der Menschheit, so scheint sie einen zwar langsamen, dennoch aber deutlichen Prozeß der Evolution darzustellen. Vor langer Zeit enthielten die Menschenherden keine individuellen Bewußtseins–Ichs. Noch heute sehen wir Tierherden und Gemeinschaften von Primaten, in denen eine Ich–Funktion noch nicht entwickelt ist und vielleicht nie entwickelt werden wird.
Sehen wir heute auf die Bevölkerungen der Erde, so bemerken wir, daß die Ich–Funktion allgemein verbreitet ist. Vor Zeiten hatten nur einzelne hervorragende Individuen ein klares Ich: Matriarchen, Könige, Häuptlinge, Zauberpriester und Weise, Propheten und Religionsstifter (Einzelheiten hierzu finden sich u.a. in: Ken Wilber, *Halbzeit der Evolution*.)
Die Vermutung liegt nahe, daß die nächste Stufe der Evolution aus einer Verallgemeinerung des Selbst besteht.

Analysieren wir das Phänomen der Transmission, so deutet einiges darauf hin, daß dieses Phänomen akkumulativ ist. Jedesmal, wenn ein neues Individuum das Ich transzendiert und die Quelle des Bewußtseins findet, scheint die Wachheit oder Bewegungsenergie im höheren Bewußtsein anzusteigen. Wann immer ein Bewußtsein zu sich selbst gekommen ist, so hat sich anscheinend mehr Gewicht und Energie von der partikularisierten Funktion des Bewußtseins in die wache und selbstidentische höher bewußte Funktion verschoben. Im Augenblick der Transmission wird ein neuer, bislang abgetrennter Bewußtseinsaspekt durch einen Prozeß der Fusion dem bereits wachen höheren Bewußtsein angeschlossen.

Man könnte den Prozeß der Evolution über einen bestimmten Zeitraum betrachten, beispielsweise vom Präkambrium bis zum heutigen Zeitpunkt. Die Evolution des Planeten hat Energie und Materie aus rein mineralischer Form über die Entwicklung zunächst des pflanzlichen, dann des tierischen Lebens bis schließlich hin zum Menschen in die zivilisations- und kulturschaffende Form des Ich-Bewußtseins transportiert. Entsprechend mag man sich vorstellen, daß die Entwicklung höheren Bewußtseins – zunächst sporadisch, dann häufiger – langsam, aber sicher die Überführung weiterer Energie von der ich-bewußten Funktionsform in die des höheren Bewußtseins ermöglichen wird. Dies wird wie eine allgemeine Akkumulation der Evolution geschehen.

Wir wollen nicht vergessen, daß das Ich-Bewußtsein automatisch vom Bewußtsein der Eltern an das der Kinder weitergegeben wird. Dies ist eine lebendige pädagogische Vermittlung, welche sich zugleich deutlich selbst verstärkt. Die Ich-Entwicklung ist heute schneller, selbstverständlicher und allgemeiner als vor dreitausend Jahren.

Das höhere Bewußtsein wird im Mysterium der Transmission übertragen; dieses Mysterium wurde bislang geheimgehalten und nur sehr wenigen zugänglich gemacht. Der selbstverstärkende Prozeß innerhalb des höheren Bewußtseins wird – auf natürliche Weise und, wie sich versteht, in einem Tempo, das die Evolution selbst bestimmt – daran arbeiten, daß das höhere Bewußtsein verallgemeinert wird; zunächst in der Form des Selbst, später dann – viel später – in seinen höher entwickelten Funktionsformen.

Es ist naheliegend und mag reizvoll sein, diesen Ideenkreis durch weitere Hypothesen zu differenzieren: man kann sich in Verbindung mit der Verallgemeinerung der Sprachentwicklung vor langer Zeit – ähnlich der Verallgemeinerung der Ichfunktion – vorstellen, daß irgendwann einmal ein kritischer Punkt erreicht wurde, von dem aus eine Kettenreaktion einsetzte, die den Prozeß der Verallgemeinerung beschleunigte.
Man mag sich weiterhin hypothetisch vorstellen, daß die gesamte Summe des höheren Bewußtseins mit seinen Evolutionszügen irgendwann in der Zukunft dazu beitragen wird, daß ein Krisenpunkt eintritt, an dem eine Art Reaktionsprozeß mit einer daraus folgenden Beschleunigung der Verallgemeinerung höherer Bewußtseinsfunktion beginnen kann. Hiermit verwandte Ideen wurden u.a. von R.Sheldrake (als Morphische Resonanz) und von Krishnamurti und D.Bohm angesprochen.
Innerhalb der Bewußtseinsforschung könnten diese Vorstellungen zu vielfachen Experimenten anregen, Versuchen betreffs des Zusammenhanges zwischen dem Phänomen der Transmission und möglicher Entwicklung eines höher synchronisierten gemeinschaftlichen Bewußtseins in kleineren Gruppen von meditativ geübteren und bewußtseinsmäßig fortgeschrittenen Menschen.
Der Verfasser hat selbst durch mehrere Jahre in kleineren geschlossenen Übungsgruppen Initiativen zu derartiger Bewußtseinsforschung ergriffen oder daran teilgenommen. Die Ergebnisse sind interessant und vielversprechend; es sind jedoch zahlreiche weitere systematische Experimente notwendig, um irgendwelche weitergehende Konklusionen zu ermöglichen.
Der Lebensnerv in dieser Art von Forschung ist die Tatsache, daß Bewußtseinsfusion zwischen zwei Menschen möglich und ihr Vorkommen dokumentiert ist. Transmission des höheren Bewußtseins erfolgt nämlich in der Vereinigung mit einem bereits verwirklichten höheren Bewußtsein.

4.4. Die Transmission des höheren Bewußtseins findet durch die Quelle des Bewußtseins hindurch statt.

Für das gewöhnliche Bewußtsein ist seine Quelle verborgen. Wenn nun die Ichfunktion ihre Grenze erreicht und die Verwandlung des Zusammenbruches eintritt, so manifestiert sich das höhere Bewußtsein durch die dann offenbare Quelle des Bewußtseins. Der Rückzug des Ich offenbart diese verborgene Quelle.

Ein zweidimensionaler Kreis ist in der zweidimensionalen Welt geschlossen, in der dreidimensionalen dagegen offen. Befindet man sich innerhalb des Kreises, so wirkt dieser ganz und gar verschlossen. Ein Bewußtsein aber, das nicht nur die beiden Dimensionen der Fläche, sondern auch die dritte des Raumes umfaßt und sich innerhalb dieser Dimensionen frei bewegen kann; ein solches Bewußtsein kann sich frei innnerhalb und außerhalb des Kreises bewegen. Für das zweidimensionale Bewußtsein ist das ein Mysterium. Es kann nicht erkennen, aus welcher Quelle die Inhalte kommen, die durch die dritte Dimension in den geschlossenen zweidimensionalen Raum gesetzt werden.

Dieses Bild mag zum Verständnis beitragen, wenn es auch nur eine unvollständige Analogie ist.

Stellen wir uns das Ich–Bewußtsein dreidimensional oder n–dimensional vor und das höhere Bewußtsein vier- oder n+x–dimensional, so versteht sich: was immer sich in der Sphäre des Ich–Bewußtseins manifestiert, könnte im Grunde aus der Vierdimensionalität des höheren Bewußtseins kommen. In diesem Fall wird begreiflich, daß die Quelle des Bewußtseinsinhaltes verborgen ist; ja, daß die Quelle des Bewußtseins selbst ein Geheimnis ist.

Wenn der dreidimensionale Raum des Ich im Augenblick der Verwandlung geöffnet wird, so umfaßt das Bewußtsein von da an auch die vierte Dimension des höheren Bewußtseins (wir halten weiterhin an unserem Bilde fest!). In dieser qualitativen Erweiterung begreift es, was seine Quelle ist und wo sie sich befindet. Es entdeckt und identifiziert diese bisher verborgene, unsichtbare und transzendentallogisch unerkennbare Quelle.

Dem zweidimensionalen Bewußtsein sind Länge und Breite bekannt, also die Fläche. Die dritte Dimension aber, die Tiefe, ist ein Ding an sich, ein Noumenon, eine prinzipiell unerkennbare Struktur. Heben wir aus der Position der dritten Dimension zweidimensionale Gegenstände in den Kreis oder aus ihm heraus, so mögen zweidimensionale Wesen, die sich in ihm befinden, um diese Dinge herumgehen, sie sehen oder fühlen, sie erkennen; woher sie aber kommen oder warum und wohin sie verschwinden, das kann ein zweidimensionales Wesen nicht begreifen.

Gibt – in unserem Bilde – das dreidimensionale Bewußtsein sich selbst in seiner Nur-Dreidimensionalität auf, so endet, stirbt oder annulliert sich für einen Augenblick das gesamte Wesen und die Funktion des Ich, das ja eben als dreidimensional definiert ist. In dieser dimensionalen Erweiterung ist alles, was für die Dreidimensionalität verschlossen und verborgen ist, offen und enthüllt.

Die Transmission des höheren Bewußtseins erfolgt durch die Quelle des Bewußtseins. Das höhere Bewußtsein ist eben diese verborgene Quelle. Alles, was dem gewöhnlichen Ich–Bewußtsein erscheint, begegnet ihm durch den Pol des Objektes. Wessen sich das Bewußtsein auch bewußt sein mag, es ist eo ipso (durch sich selbst) zum Objekt gemacht. Bedingung für die Funktion des Ich–Bewußtseins ist diese Polarisierung in einen unerkannten und unerkennbaren Subjektpol gegenüber einem erkennbaren Objektpol. Das Ich selbst ist weder ein Begriff noch eine Anschaulichkeit – es ist eine unerkennbare Vorausgesetztheit (vgl. Kant: «Allein dieses Ich ist so wenig Anschauung als Begriff von irgendeinem Gegenstand, sondern die bloße Form des Bewußtseins»).

Im rechten meditativen Augenblick, der durch vieljährige tägliche Übung und Praxis vorbereitet worden ist, wird der subjektive Pol des gewöhnlichen Bewußtseins verwandelt: – das heißt, in dem Augenblick, da der externe Faktor im Zusammenbruch der Selbstüberwindung die Quelle des Bewußtseins offenbart.

Nach der Transmission wird das Ich wieder etabliert; jetzt aber sind die Verhältnisse nicht mehr genauso wie vorher. Der subjektive Pol, der bisher rätselvoll und der Erkenntnis verschlossen war, hat nun eine neue Struktur angenommen.

Es mag einige Zeit vergehen, bis das neue Ich diese Änderung bemerkt. Das hängt davon ab, wie radikal und wohlgeordnet die Transmission war und wie lange sie dauerte. Im allgemeinen ist die Rede von Bruchteilen von Sekunden, selten von Sekunden, und sehr selten – als Initiation, d.h. Anfang – von längerer Zeit.

Bei richtiger Übung und rechtem Unterricht wird das neue Ich–Bewußtsein jedoch allmählich die Änderung entdecken und verstehen. Der subjektive Pol wurde auf andere Weise geöffnet, als es für ein gewöhnliches Ich–Bewußtsein möglich ist.

Von jetzt an – da die Quelle offenbar und bekannt ist – wird das Bewußtsein bemerken, daß eine Erinnerung dieses Ereignisses der Transmission letztlich eine Reaktualisierung des höheren Bewußtseins bedeutet. Wenn das Ich – nach der Transmission – sich in seiner Bipolarität der Quelle zuwendet, so sieht diese anders aus: sie ist nicht mehr verborgen, sondern offenbar und direkt. Darum ist es möglich, immer wieder das höhere Bewußtsein zu reaktualisieren, das in der Transmission zum ersten Mal durchbrach.

Dieses erste Mal – das Erlebnis des Satori, die Begebenheit der Initiation – ist von großer Intensität gekennzeichnet; denn das Ich gibt sich ja eben zum ersten Mal in seiner Ganzheit auf. Hinterher aber entdeckt das wiedereingesetzte Ich, daß es zwar beiseite tritt, nicht aber endgültig zugrundegeht. Man stirbt nicht, weil das Ich zurücktritt. Das gewöhnliche Ich aber glaubt, es sterbe ganz und gar, wenn es sich selber aufgebe und abtrete.

Das Ich stirbt momentan; das Bewußtsein aber überlebt. Darum erlebt das Ich nach der Transmission, daß es zwar immer noch provozierend und intensiv, dennoch aber leichter und weniger dramatisch ist, das höhere Bewußtsein in kurzen Augenblicken während der Meditation zu reaktualisieren.

Die Funktion des höheren Bewußtseins erreicht das Bewußtsein auf qualitativ andere Weise als durch alle Erlebnisse und Vorstellungen, Gefühle und Gedanken, Intuitionen und Vision des Ich–Bewußtseins. Das höhere Bewußtsein tritt durch den subjektiven Pol hervor; ungeformt und nicht objektiviert und daher direkt aus der nun offenbaren Quelle des Bewußtseins. Das ist ungefähr das, was wir ausdrücken wollen, wenn wir sagen, daß die Transmission des höheren Bewußtseins durch die Quelle des Bewußtseins hindurch erfolgt.

4.5. Das gewöhnliche duale Ich–Bewußtsein wird in seine eigene nonduale Bewußtseinsfunktion verwandelt durch seinen Zusammenbruch im Augenblick der Transmission.

Der entscheidende Punkt ist hier, daß die Realisierung des höheren Bewußtseins ein Lernprozeß ist.

Seit mehr als tausend Jahren gibt es im Norden wie auch in der protestantischen Welt keine feste authentische, nüchterne Übungsform für die Entwicklung der höheren Funktionsmöglichkeiten des Bewußtseins. Wir haben, wie schon erwähnt, keine Mystik, die unserer eigenen Kultur entspringt. Wir besitzen keine echte und integrierte esoterische Schulung fortgeschrittener Meditations- und Gebetsformen, die sich den nordisch–protestantischen Verhältnissen und dieser Mentalität anpaßt.

Ein solches Übungsprogramm kann man nicht ohne weiteres importieren, ob es nun aus dem Süden oder aus dem Osten kommt. Michael Ende, der Autor der *Unendlichen Geschichte*, hat in einem Interview über Zen gesagt, nach seiner Erfahrung müsse eine echte Mystik aus dem tiefsten Urgrund eines Volkes und seiner Kultur kommen. Das stimmt mit meinen über viele Jahre gesammelten Erfahrungen überein.

Im Norden müssen wir uns an der christlichen Mystik des Südens orientieren und von ihr lernen; wir dürfen sie aber nicht als Paket übernehmen. Und wie alle Menschen des Westens können wir bei den Meistern des Ostens lernen; aber auch diese Technik, Methoden und Lebensanschauungen können wir nicht ohne weiteres einführen. Nach meinem Dafürhalten müssen wir vor allem zu unserer jeweiligen kulturellen und mentalitätsgebundenen Eigenart stehen.

Das heißt nun nicht, daß wir nichts lernen könnten. Beispielsweise können wir einen Nutzen aus der Menge an Erfahrungen ziehen, die durch spirituelle Tradition und Literatur zur Verfügung stehen. Und dort lernen wir, daß es ein großes Bedürfnis nach Unterricht und Übung gibt.

Wir können nicht darauf vertrauen, auf eigene Faust das höhere Bewußtsein zu erreichen. Wir müssen ein Unterrichts- und Übungssystem entwickeln, eine meditative Pädagogik in ihrer Ganzheit, die unserer Zeit und unserem Wesen entspricht. Auf gar keinen Fall dürfen therapeutische, heilungsorientierte oder alternative Ausbildungen mit einer Übungspraxis verwechselt werden, die das Bewußtsein und die Persönlichkeit in die Richtung des Gebets und der Meditation lenkt. Ebensowenig ist es angezeigt, tiefenpsychologische oder psychoanalytische Ausbildungen für spirituelle Übung zu halten. Daß wir die erwähnten Unterrichtssysteme, die auf ihrem Gebiet wichtig und wertvoll sind, durch eine solche Äußerung nicht mißachten wollen, versteht sich von selbst. Aber eben weil wir keine traditionelle spirituelle esoterische Schulung haben, sind diese Verhältnisse sehr unklar, und in vielen Bewußtheiten werden die Dinge durcheinandergebracht. Wenn wir hier hervorheben, daß man die gesamte Eigenart eines Volkes anerkennen muß, so darf man das nicht als Reklame für einen Regionalismus oder Nationalismus mißverstehen. Der eigentliche Kernpunkt einer esoterischen spirituellen Übungspraxis ist die gründliche Bearbeitung der persönlichen, nationalen und egozentrierten Ebene der Persönlichkeit; das Ziel ist ein globales allgemeines Niveau der Mitmenschlichkeit, und das schließt umweltgebundene und humanitäre Verantwortlichkeit mit ein.

Ein Däne zum Beispiel, der sich selbst spirituell als Inder oder Südeuropäer mißversteht, wird nicht auf bodenständige, nüchterne Weise zu sich selber finden. Man muß wohl zunächst seine lokal bedingte Ich–Struktur erforschen und diese akzeptieren, bevor eine kritische Weiterentwicklung zu einer eher übergeordneten globalen Perspektive führen kann.

Es handelt bei all diesem um die esoterische Spiritualität oder die mystische Dimension. Wir sprechen also nicht von der exoterischen Religiosität, nach der immer noch ein verbreitetes Bedürfnis besteht. Doch auch für sie gilt, daß ihre tiefste Wurzel die Mystik ist. Befindet sich die Religiosität eines Volkes ausschließlich auf exoterischer Ebene, so ist und bleibt sie ein sehr oberflächliches Phänomen. Nehmen wir Dänemark, mein Heimatland als Beispiel, so finden wir hier Grundtvig und Kierkegaard, die beide nicht ausschließlich exoterisch sind, obwohl sie andererseits auch nicht die klare, mystische, esoterische Tiefendimension erreichten; als Volk betrachtet, sind wir noch nicht bis in die tiefsten Wurzeln christlich geworden. Martinus, der ein echter Esoteriker war, könnte vielleicht einen Wendepunkt andeuten. Aber nach mehr als tausend Jahren christlichen Einflusses ist es uns noch nicht gelungen, einen allgemein akzeptierten, spirituellen mystischen Prozeß mit tiefen Wurzeln in der Bevölkerung hervorzubringen. Bisher hat der Norden keine Geister vom Format eines Franz, einer Theresa, Eckeharts oder Hildegards hervorgebracht.

In unserer Zeit geht eine globale synkretistische Tendenzbewegung über den zivilisierteren Teil der Erde; und das ergibt eine gewisse Situation der Prüfung für das religiös–spirituelle Leben der Völker. Nur dort, wo die Religiosität tief verwurzelt ist, kann sie dieser Herausforderung widerstehen oder sie annehmen. Ein oberflächliches Christentum gerät in eine schwierige Lage. Daher sieht man im protestantisch–nordischen Bereich, wie auch sonst vielerorts, daß die exoterische Religiosität auf ein fundamentalistisch–alttestamentliches Niveau regrediert, um die Stürme des religiösen Pluralismus zu überstehen. Das ist durchaus verständlich und vielleicht auch notwendig, ohne daß es auf Dauer besonders konstruktiv wäre.

Unserer religiösen Kulturflora fehlen die Pfahlwurzeln (die in der katholischen Welt vielfach dabei sind zu verkümmern); es fehlt ihr eine autochthone Mystik. Im religiösen Leben großer Teile der westlichen Welt besteht eine gefährliche Tendenz, deren äußerste Karikatur die Tatsache ist, daß ein durchschnittlicher Mensch nur viermal im Leben zur Kirche geht: zur Taufe, zur Konfirmation, bei der Hochzeit und zur Beerdigung. Eine derartige Religiosität ist aber zum Aussterben innerhalb weniger Generationen verurteilt. Wie sich das Christentum im allgemeinen zu diesem Sachverhalt stellt, geht mich natürlich nichts an; er soll aber wenigstens erwähnt werden.

Was nun mein eigenes Anliegen betrifft, so besteht es darin, eine Reihe von Behauptungen aufzustellen. Der erste fundamentale Punkt ist, daß eine Bevölkerung, daß Menschen auf dieser Erde ein Bedürfnis für ein echtes spirituelles Leben haben. Der zweite Punkt: nur ein das Bewußtsein verwandelnder Übungs- und Lernprozeß des Gebetes und der Meditation kann dieses Bedürfnis zufriedenstellen. Zum dritten: der protestantische Norden hat trotz tausend Jahren des Christentums immer noch keine erdverhaftete, authentische

Mystik entwickelt. Und endlich: vielleicht wäre es eine gute Idee, die Dinge zu sehen, wie sie sind, und daraufhin ernsthaft etwas für die Sache zu tun.

Soll das duale Bewußtsein seine höhere spirituelle Funktion kennenlernen, so kann dies ohne jeden Zweifel nur durch den Zusammenbruch der Verwandlung im Augenblick der Transmission geschehen. Soll sich überhaupt eine Möglichkeit für ein derartiges Ereignis einstellen, so ist ein radikaler Übungs- und Lernprozeß unbedingt erforderlich; und ein derartiger Prozeß erfordert kompetente Lehrer, die die Funktion des höheren Bewußtseins auhentisch verwirklicht haben.

4.6. Das transduale Bewußtsein bricht zunächst in augenblickhaften Blitzen (Illumination, Satori) durch, dann in kürzeren Zuständen (Ekstase, Samadhi).

Es wird hier also kategorisch unterschieden zwischen dem ersten Durchbruch des nondualen Bewußtseins im Augenblick der Transmission und dem späteren Verlauf, wenn das höhere Bewußtsein durch fortgesetzte intensive Übungspraxis reaktualisiert wird.

Der erste Eintritt der Ich–Transzendenz kann auf zwei Weisen erfolgen – oder ist vielleicht nur in zwei verschiedene Formen gelagert. Er mag plötzlich geschehen wie ein Blitz, der von einer vorausgehenden Phase des Aufbaus ausgelöst wird; diese Phase wiederum hat im allgemeinen eine lange Geschichte von mehrjähriger Meditation und Entwicklungsarbeit, die sich in einem kurzen Prozeß zuspitzt: ein Gewitter, das sich langsam aufbaut. Das ist im allgemeinen unter dem Wort Satori zu verstehen, einem Begriff der japanischen Zen–Tradition. In der westlichen Mystik wird dieses Ereignis meist Illumination genannt.

Die zweite Form, in der der Beginn erlebt werden kann, ist eine sich länger hinziehende Begebenheit, die Visionen und anderes mehr enthält. Diesen Verlauf nennt man Initiation. Der Kern dieses Prozesses (in der Regel ist dies erst die zweite Initiation) ist ein Augenblick der Bewußtseinsidentität, eben der Transmission.

Die Satori–Illumination wird auf folgende Weise vom Zenmeister Imakita Kosen aus dem Osten beschrieben: «In einer Nacht während der Zazen–Übung war plötzlich die Grenze von früher und später wie abgeschnitten. Ich trat in den guten Bereich des überaus Wunderbaren ein. Ich befand mich wie auf dem Grunde des großen Todes, keine Wahrnehmung vom Sein aller Dinge und vom Ich blieb. Ich fühlte nur, wie in meinem Leib ein Geist sich zu zehntausend Welten ausweitete und ein unendlicher Lichtglanz entstand.»
Und bei Tauler im Westen heißt es: «[...] sich von selbst und von allen Dingen in das wahre Licht gekehrt haben, und die eingesunken und eingeschmolzen sind in ihren Ursprung, in einem inwendigen Stillschweigen aller ihrer Kräfte, und sich hineingeworfen haben in die Finsternis der göttlichen Einsamkeit, die da über alles Verständnis geht.»
Nach dem Durchbruch der Transmission ist die Quelle offenbar.
In der weiteren Praxis von Gebet und Meditation gilt es, das höhere Bewußtsein wieder und wieder zu reaktualisieren. Und auch dann geschieht das in der Regel nur in blitzhaften Augenblicken.
Wird es allmählich möglich, das offene höhere Bewußtsein über längere Zeit zu halten, das heißt über fünf bis zehn Sekunden, eine halbe bis eine ganze Minute, so wird der Prozeß dramatisch. Unermeßliche Mengen an kosmischer Energie oder an Bewußtheit strömen um das Bewußtsein zusammen und durch es hindurch. Dadurch gerät es in einen ekstatischen Zustand, den es später in der sprachlichen Bewußtheit nur in bleichen paradoxen Wendungen beschreiben kann: Seligkeit und Leere, Licht und Dunkel; Mitgefühl, Zuneigung; Humor. Lauter Worte, nur eine Dualität, die im Grunde nichts beschreibt im Verhältnis zu dieser sprachlosen, transdualen, ekstatischen Durchsichtigkeit.
Es muß verstanden werden, daß die überwiegende Mehrheit dieser Zustände, sogar derer, die wir hoch oder tief nennen, dual sind. Zustände der Trance, autohypnotische Zustände, astrale Zustände außerhalb des Körpers – all das ist dual. Es besteht ein Betrachter – oft seiner selbst unbewußt – der einen objektivierten Zustand betrachtet oder in ihm ruht.
Meditation kulminiert in späteren Phasen ihres Prozesses in blitz-

haften Augenblicken höheren Bewußtseins. Dies ist ein lebendiger, hellwacher und dynamischer Prozeß, nicht irgendein todesgleicher, schlaffer, halbschlafender Zustand der Versteinerung oder des Stupor.

Authentische, kurze Zustände höheren Bewußtseins hat man in den unterschiedlichen spirituellen Traditionen als Ekstase oder Samadhi bezeichnet. Diese Zustände sind transdual und ichlos, von höchster und nicht denkbarer wacher kristalliner Klarheit.

Die nicht-duale wissende Wachheit ist das fundamentale höhere Bewußtsein selbst, Rigpa, wie es von den erleuchteten Meistern Tibets genannt wird. Dies ist der ursprüngliche Bewußtseinszustand, dem das gewöhnliche duale Ich–Bewußtsein entstammt. In den kurzen Blitzen und späterhin kurzen Zuständen nondualer wacher Aufmerksamkeit realisiert sich das Rigpa. Es ist die verborgene Quelle des gewöhnlichen Bewußtseins, das erleuchtete Bewußtsein.

Da das Rigpa durch ein entspanntes Nicht–Handeln erreicht wird, kann man den nondualen Zustand des Bewußtseins vielleicht noch genauer mit undramatischer anonymer Offenheit charakterisieren: es gibt keine Erwartung, kein Sehnen, keine Eile – nur natürliche Spontaneität.

Unangestrengte, nicht zerstreute, wache Nicht–Meditation. Die Grundformel des Dzogchen.

5. Die Übungspraxis des stillen Bewußtseins

5.1. Der Weg des Bewußtseins zur Quelle läßt sich nach der Transmission und Wiedererkennung der Quelle auf genau dieselbe Weise üben wie vorher.

Vor dem Ereignis der Transmission wandert das Bewußtsein jedoch blind auf dem rechten Weg. Danach geht es diesen Weg mit offenen Augen.

Wir behaupteten in Punkt 1.9, daß das gewöhnliche Bewußtsein, wenn es seine Quelle finden soll, zur Stille kommen muß. Der Weg in die Stille ist zugleich der Beginn des Weges zur Quelle.

Wir wollen nun beschreiben, wie ein Bewußtsein, das die Quelle gefunden und identifiziert hat, die Stille praktiziert und sich von hier aus zur Reaktualisierung der wachen Identität mit der Quelle bewegt. Obwohl diese Reisebeschreibung von einem solchen Standpunkt ausgeht, mag sie dennoch auch einem gewöhnlichen Bewußtsein, welches den Ort und die Identität der Quelle noch nicht kennt, hilfreich sein und es in seiner disziplinierten Suche anspornen.

Das gewöhnliche Bewußtsein kann zehntausende von Modifikationen annehmen; es kann sich innerhalb einer vielschichtigen Wirklichkeit von einer Facette zur anderen bewegen. Bald dominieren Gefühle seinen Horizont, bald Erinnerungen; dann sind es Assoziationen mit einem Anflug sexueller Lust, dann Sehnen, Gedanken, Wünsche, Phantasien; ein farbenfrohes Bild strahlt im Sinn auf, dann kommen körperliche Gefühle; bald Dumpfheit, bald Klarheit; nun undefinierbare Stimmungen, die wie Nebel über eine Wiese streifen, dann logische Gedankenfolgen, Ideen und Pläne; Sorge, Freude, und so weiter durch einen unendlichen Reichtum an Modifikationen des Sinnes; ein Reichtum, der zugleich verwirrend wirkt. James Joyce hat im *Ulysses* diesen faszinierenden Strom des Bewußtseins seitenlang mit einer bisweilen äußerst präzisen, geradezu photographischen Einsicht beschrieben.

Das gewöhnliche meditativ suchende Bewußtsein weiß letztlich nicht mit ausreichender Klarheit, wohin es in diesem kaleidoskopisch variierten Labyrinth des Inneren gehen soll. Wo findet sich der Faden der Ariadne, der ihm den Weg aus all dieser Verwirrung weist?

Sogar wenn es zu den rechten Türen kommt, weiß das Ich oft nicht, daß sich gerade hier der rechte, der einzige Weg verbirgt. Oft genug geht das Bewußtsein an der richtigen Tür vorbei, und diese Tür ist obendrein nicht einmal verschlossen, wenn sie auch nicht offensteht; das Bewußtsein erkennt sie aber nicht und begreift nicht seine Situation, es sucht weiter, sucht nach der Tür, nach dem Weg, nach Rat, es sucht den Schlüssel, wenn die Tür zwar gefunden, aber verschlossen ist – und der Schlüssel liegt verborgen und vergessen in der eigenen Tasche.

5.2. Die meditative Übungspraxis in die Quelle hinein besteht in tiefer Entspannung und aufmerksamer Offenheit.

Diese Praxis gilt also vor allem für ein Ich, das seinen Weg bereits gefunden hat. Doch auch für ein gewöhnliches Bewußtsein kann diese Beschreibung sicherlich hilfreich sein.
Zunächst wollen wir die genaue Position bestimmen.

A. Das gewöhnliche Bewußtsein teilt auf, hat sich selbst in seinen Inhalten vergessen und wandert.
B. Konzentration hält das Wandern an; Meditation das Selbstvergessen; Illumination das Aufteilen.
C. Für das gewöhnliche Bewußtsein ist die Quelle des Bewußtseins verborgen.
D. Das höhere Bewußtsein offenbart diese Quelle in der Transmission.

Und eben hier steht nun das Bewußtsein. Es ist wieder verschlossen und in der Ich-Funktion; es kennt die Quelle und wünscht nun in Meditation oder Gebet das höhere Bewußtsein zu reaktualisieren. Die hierzu erforderliche Übungspraxis ist Entspanntheit und Offenheit, eben das bipolare Bewußtsein.
Die Stille, die eine weitere notwendige Bedingung ist, wird durch Entspannung gefördert. Wann immer etwas im Sinn auftaucht, das den Prozeß der Stille unterbricht, reagiert das Bewußtsein, indem es

den Körper untersucht und Bereiche der Spannung ortet; und Spannungsbereiche wird es selbstverständlich immer noch geben.
Ist der Sinn eines Menschen bewegt und sensibilisiert, so wird sein Körper in unzähligen Mikrospannungen diesen Schwingungen folgen (vgl. Feldenkrais, *Bewußtsein durch Bewegung*). Zeigt sich eine Störung, so macht sich der Sinn nicht daran, zu verdrängen oder zu kämpfen oder Yoga, Wille oder Disziplin anzuwenden: das Bewußtsein sucht stattdessen die Körperbewußtheit und ortet die körperliche Spannung, die sich am vehementesten zu erkennen gibt, um sie nun zu entspannen; das kann z.B. durch wiederholtes Entspannungsatmen in eben dem gespannten Körperbereich geschehen.
Ganz ähnlich verhalten sich Menschen, die sich zum Dämmern oder Schlafen hinlegen. Der Sinn – oder der Körper – ist automatisch bestrebt, verspannte Muskulatur zu lösen, Nerven und Organe zu entspannen. Das verstehen wir unter tiefer Entspannung in der Meditation. Körper und Geist tun das, was sie auch beim Einschlafen tun. Das Geheimnis aber ist, daß das Bewußtsein hellwach ist und bleibt.
Fällt man nun beim Meditieren oder Beten dennoch in Schlaf – und das geschieht oft –, so muß man nach den möglichen oder wahrscheinlichen Gründen dafür suchen, daß statt hellwacher Stille eben der Schlaf eintritt.
Ist man ganz einfach zu müde? Benötigen der Körper oder der Geist Schlaf? Auch wenn die vier Grundbedingungen unseres ersten Punktes erfüllt sind, sind viele Menschen dennoch voll von Streß und benötigen Erholung, wenn sie diese tiefen Schichten in Körper und Geist aufsuchen.
Fällt man während der Meditation in Schlaf, weil man physisch Schlaf benötigt, so soll man ruhig schlafen, ob es nun eine Stunde dauert oder zwölf.
Eine andere Ursache der Schläfrigkeit kann Widerstand sein: das Bewußtsein nähert sich vielleicht unangenehmen Einsichten darüber, wer oder wo man ist; um einer solchen Konfrontation auszuweichen, entschließt sich das Ich–Bewußtsein dazu, einzudösen. In diesem Fall sollte man diese Bereiche außerhalb der Meditation aufsuchen, etwa in einer Therapie, in Gesprächen mit Gleichgesinnten, in Selbstanalyse oder ähnlichem.

Endlich mag der Schlaf ein Indiz dafür sein, daß das Bewußtsein kurz davor steht, die Gangart zu wechseln; nun ist es tatsächlich nicht mehr Müdigkeit oder Widerstand, sondern der Mechanismus des Schlafes in sich selbst, den der meditative Prozeß nach innen in die Stille hervorruft.

Dies ist ein wichtiger Punkt. Will man auf dem Weg zum höheren Bewußtsein in seiner Quelle weiterkommen, so muß dieser Punkt des Schlafes durchsichtig werden. Man kann künstliche Mittel zur Hilfe nehmen, etwa Tee, oder man kann die richtigen meditativen Vorgangsweisen anwenden. Man kann zum Beispiel – sitzend und in Meditation – untersuchen, wohin sich das Bewußtsein orientiert, wenn es im Begriff ist, in Schlaf zu fallen. Fällt es ins Dunkel, oder etwa in Träume? (die sogenannte hypnagogische Traumphase, die dem Bardozustand der Tibeter entspricht) – oder fällt das Bewußtsein in Licht, wenn es in der Meditation in Schlaf fällt?

Oder man mag Organe oder das Chakrasystem verwenden. Fällt das Bewußtsein in das organische, vegetative Leben, wie Schopenhauer es beschreibt? – oder fällt es, wie die Inder behaupten, ins Herzchakra?

Diese Art der akzeptierenden meditativen Erforschung, wenn das Bewußtsein in Schlaf fällt, wird den Prozeß fördern.

Der nächste Schritt wäre, das bipolare Bewußtsein festzuhalten: wer fällt in Schlaf? Ein Bewußtsein, das das Einschlafen betrachtet, hält an der Wachheit fest. Dies ist der korrekte Weg, der weiterbringt. Also: fällt das Bewußtsein aus Müdigkeit in Schlaf, soll man schlafen. Ist der Grund Widerstand, so muß man diesen orten. Ist der Schlaf aber der Weg selber, so untersuche man zunächst, wohin das Bewußtsein im Schlaf fällt. Und schließlich: wer fällt in Schlaf? Das betrachtende Bewußtsein ruht, wird wach und frisch, indem es sprachfrei den Schlaf betrachtet.

Entspannung und Offenheit.

Offenheit bedeutet hier Akzeptieren. Was auch kommen mag, komme. Das meditative Bewußtsein hält durch unbedingte Akzeptanz an der Offenheit fest. Diese vorbehaltlose Offenheit bewahrt das meditative Gleichgewicht zwischen der einwärtigen und der auswärtigen Richtung. Die Richtung nach außen ist offen, indem sie alle

Impulse und Modifikationen sichtbar werden läßt. Die Stille tritt nicht kraft des Willens ein, nicht dadurch, daß man Gedanken und Impulse nicht zuläßt oder unterdrückt; es ist nicht eine stumme, starre, eingeengte, tote Stille: sondern es ist eine weiche, akzeptierende Offenheit, die durch ihre bedingungslose Annahme die Entspannung des Sinnes ermöglicht, bis dieser nicht mehr das Bedürfnis verspürt, sich in Impulsen, Gedanken, Formen zu manifestieren.

Die einwärtige Richtung hält an ihrer Offenheit fest, indem das Bewußtsein ständig seiner Unterschiedlichkeit von allen möglichen Inhalten eingedenk ist. Das meditierende Bewußtsein weiß gleichzeitig von sich selber und von der akzeptierenden Offenheit im Pol seiner Gegenstände.

Wenn das Bewußtsein sich damit begnügt, akzeptierend und geduldig zuzusehen, so fällt seine strapazierte Oberfläche von selbst in den Ruhezustand. Wenn man einen Wasserspiegel mit einer Berührung zur Ruhe bringen will, und sei sie noch so sanft, so wird das nur weitere Bewegung ins Wasser bringen. Einmischung bringt neue Unruhe. Wache, sehende Akzeptanz erlaubt dem Sinn und dem Objektpol des Bewußtseins, mit seinem eigenen Tempo zur Ruhe zu kommen. Jeder Eingriff, jedes Wählen, jede Bedingung schafft neue Unruhe. Was den Sinn zur Stille bewegen kann, ist einzig und allein bedingungslose Offenheit. Nun weiß er im innersten Kern, bis ins Unbewußte: sollte er eine Lust oder den Drang spüren, sich zu manifestieren, so wird der subjektive Pol des Bewußtseins offen, still und akzeptierend sein. Es wird keine Provokation geben, kein auswählen, kritisieren oder werten. Alles wird gesehen und angenommen, nicht aber festgehalten; nicht ausgewählt oder ausgezeichnet. Was es auch sei, es manifestiert sich, Form und Bild werden gestaltet und fließen wieder in die Formlosigkeit zurück. Das ist Offenheit. Das ist es, was die Unruhe des Sinnes zur Ruhe bringen kann.

Tiefe Entspannung und wache Offenheit sind in letzter Konsequenz tödlich für das Ich. Dieses nährt sich nämlich von Spannung und Grenzen. Es entscheidet sich, sagt Ja und Nein, definiert seine Standpunkte, setzt Grenzen um seine Ansichten. Ein vollkommen offenes Ich ist eben und gerade kein Ich.

Darum vermag ein Ich vor der Transmission nicht gänzlich entspannt und offen zu sein. Im kulminativen Zusammenbruch des gewöhnlichen Bewußtseins gibt das Ich seine Verschlossenheit, seine Vorbehalte und seine Grenzen auf. In diesem Augenblick ist das Ich völlig offen, und das bedeutet: es hört auf, ein Ich zu sein.
Nach der Transmission kann ein Ich aber die Offenheit einüben. Es wagt, Augenblick für Augenblick vollkommen offen zu sein, weil es einmal auf dramatische Weise mit Hilfe des höheren grenzenlosen Bewußtseins die Grenze überschritten hat.
In tiefer Entspannung und aufmerksamer Offenheit wird Stille erreicht; eine heilende lebenspendende wache Ruhe. Endlich Friede; endlich Gegenwart; hellwaches Sein.

5.3. *Das ruhige und stille Bewußtsein läßt die Sprache und alle anderen Bezugsrahmen los.*

Es besteht ein klarer Zusammenhang zwischen der Grenze des Ich-Bewußtseins und der der diskursiven Erkenntnis und der Sprache. Jenseits der Sprache liegt das Schweigen. Wie sollte Sprache Schweigen ausdrücken können? Wenn sie besteht, ist das Schweigen gebrochen – wenn dieses besteht, die Sprache. Darum sagt Wittgenstein im siebenten Punkt seines sprachphilosophischen Hauptwerkes *Tractatus Logico-Philosophicus*: «Worüber man nicht reden kann, davon muß man schweigen.»
Dieses Schweigen bedeutet jedoch nicht zwangsläufig, daß das Bewußtsein nicht bestehen kann. So läßt Plato seine größten Dialoge über die Wahrheit und das Gute in Schweigen enden. Im siebenten Brief schreibt er über das letzte und wahrste: «[...] läßt es sich doch in keiner Weise, wie andere Erkenntnisse, in Worte fassen, sondern indem es, vermöge der langen Beschäftigung mit dem Gegenstande und dem Sichhineinleben, wie ein durch einen abspringenden Feuerfunken plötzlich entzündetes Licht in der Seele sich erzeugt und dann durch sich selbst Nahrung erhält.» Hier spricht Plato fast wie ein Mystiker, der die Illumination als schlichte Überführung des Bewußtseinslichtes beschreibt.

Den Weg der Sprache und der Erkenntnis zum Licht des Schweigens beschreibt Plato in vier Stufen. «[...] das eine von diesen ist der Name [das Gute, das Wahre, Erlösung oder Befreiung,J.B.], das zweite der Begriff [i.e. die Definition, die ausreichende und klare Beschreibung.J.B.], das dritte das Abbild, das vierte die Erkenntnis.» Dieses Wissen – so weist Plato nach – ist etwas, «welches nicht in Lauten und körperlicher Gestaltung, sondern in den Seelen seinen Sitz hat.» Hier spricht Plato fast wie Kant von der Grenze der Erkenntnis im *Ding an sich*. Nun ist Plato wohl weder Mystiker noch Kantianer, aber man kann ja nie wissen ...

Die Vermutung liegt nahe, daß Plato sich mit mystischer Erkennungsweise jenseits der Grenze des sprachlichen Bewußtseins und seines Erkennens befaßt hat. Sein Bild im *Staat* von der Höhle und seine Worte über das Schweigen könnten jedenfalls auf das Mysterium hinweisen. Und gelernt hat er es von Sokrates.

Die Sprache kann nicht über das reden, was jenseits ihrer selbst beginnt; sie kann aber darauf hinweisen und Wege und Techniken beschreiben, die die Menschen an ihre Grenze führen können oder zu jemandem, der die Funktion des trans–sprachlichen Bewußtseins bereits kennengelernt hat.

Daß das stille Bewußtsein die Sprache losläßt, läßt sich also ebenso leicht sagen, wie es schwer zu verstehen ist – noch schwieriger ist die unmittelbare Durchführung.

Eine Bewußtheit, die bereits die Quelle des Mysteriums kennt, setzt die Übung des Bewußtseins fort, sich von der Sprache zu lösen. Betrachtet das gewöhnliche Bewußtsein ein Haus, so benennt die Sprache es gleichzeitig. Zwischen diesen beiden Sachverhalten besteht ein enger Zusammenhang. Selbst wenn ein Gedanke sich auf äußerst abstrakter Ebene bewegt, so daß er fast eine Disposition zum Benennen ist (man vgl. hier mit Ryles Äußerungen in: *Der Begriff des Geistes*) – selbst dann, bei dieser Geschwindigkeit, hält die Sprache Tritt.

Das Bewußtsein kann sich aber darin üben, einen Gegenstand zu betrachten und ihn langsam allen sprachlichen Schleiers zu entledigen. Nicht allein der gröberen Schichten, der äußeren Kleidung, die fast ein lautes Sprechen im Sinn ist. Auch der feineren Decken der

Sprachlichkeit: Gedanken und Dispositionen zu Gedanken werden abgenommen und weggelegt. Schließlich stößt das Bewußtsein in seiner Sprachentkleidung auf Unterströme von Gedanken, auf kollektive archetypische und instinktive Gedankenmuster. Und wenn es dann lernt, stiller zu werden, entdeckt es die hörbaren Obertöne der Gedanken, ein flimmerndes und hastiges Filigran von subtilem, mentalem, wolkengleichem Material, Töne, die das gewöhnliche Bewußtsein nicht wahrzunehmen vermag. Aber der Prozeß der Entkleidung geht weiter, alle Schichten und Schleier werden entdeckt und fallengelassen.
In dieser hellwachen und geduldigen Übungspraxis nähert sich das Bewußtsein langsam seiner reinen und unverfälschten Form, in nicht–sprachlicher Nacktheit. Es gibt keine Worte, kein Ich, keine Sprachlichkeit, keine Anstrengung, keine Schleier; nur reine und zarte Bewußtheit, sonst nichts.
Solche Zustände nackten sprachfreien Bewußtseins sind – auch nach Jahren der Übung – augenblickshaft.
Während die Praxis der Stille geübt wird, die sich bemüht, das Bewußtsein aus der Verhüllung der Sprache zu nehmen, arbeitet die Aufmerksamkeit gleichzeitig daran, die letzten Bezugssysteme loszulassen.
Wird ein Stadium in der Meditation zu Gewohnheit oder Routine, so wird es den Prozeß hindern. Sobald sich etwas wiederholt, seien es nun Erfahrungen, Attitüden, Zustände oder Symbole, schließt sich das Bewußtsein; ein Stillstand tritt ein, ein Festhalten, und der Prozeß bewegt sich im Kreis oder mündet in einer Sackgasse.
Der letzte Typus von Bezugssystemen, der dem meditierenden Bewußtsein begegnet, ist eine Variante der eigentlichen Struktur von Subjekt und Objekt – der betrachtende wache Bewußtseinspol gegenüber dem, was betrachtet wird. Das Einschlagen dieser bipolaren Richtung, was vom Standpunkt des gewöhnlichen Bewußtseins ein großer und attraktiver Fortschritt ist, das Kernphänomen der Meditation selbst – dieser Zustand wird auf dieser Stufe des Prozesses in die Quelle hinein zu einem Hindernis.
Ein und dieselbe Struktur ersteht immer wieder und hat dabei immer ein anderes Gesicht. Unter diesen Strukturen gibt es eine, die

nur schwer zu durchschauen ist: ein abstraktes Gefühl oder eine Orientierung in Richtung auf entweder ein Zentrum oder eine Grenze der Atmosphäre, eine Peripherie. Dieses Koordinatensystem von Zentrum und Peripherie ist aber wiederum ein Ausdruck für die alte duale Funktion des Bewußtseins. Auch dieses Bezugssystem muß erkannt und fallengelassen werden.
Auf seinem Weg in die Quelle versucht sich das stille Bewußtsein von aller Sprache zu befreien und alle Referenzsysteme hinter sich zu lassen.

5.4. *Klarheit, Erweiterung, Nicht–Handeln.*

Klarheit im Bewußtsein entsteht schon während der Übung der Konzentration, die zu Beginn stattfindet, vor dem eigentlichen meditativen Prozeß.
«Konzentration baut Energie auf, indem sie vermeidet, diese in zerstreutem Denken zu verbrauchen. Hierdurch wird der Gegenstand der Konzentration bis zum Rand gefüllt. Meditation entsteht auf natürliche Weise, wenn Energie von selbst den Gegenstand überströmt und sich in die Subjektivität zurückwendet. Hierdurch stellt sich ganz allmählich ein unangestrengtes Gleichgewicht zwischen Subjekt und Objekt her. In diesem meditativen Gleichgewicht wird auch weiterhin Energie akkumuliert, weil das Denken – das persönliche wie auch das kollektive – von Energie geleert wird; diese Energie nährt und speist stattdessen die Klarheit des Bewußtseins.» (Jes Bertelsen: *Höheres Bewußtsein*).
Klarheit wird während der Konzentration im Bewußtsein erzeugt, indem der Gedankenstrom yogisch angehalten wird. Die Energie, die sonst im Prozeß der Gedanken verbraucht wird, kommt stattdessen der Klarheit im Bewußtsein zugute, einer scharfen, kristallinen Klarheit, die sich aus der yogischen Konzentration ergibt.
Im meditativen Gleichgewicht zwischen Außen und Innen erwacht der subjektive Pol des Bewußtseins und wird dann in einem Wachzustand gehalten. Die zu dieser meditativen Stufe gehörige Form der Klarheit ist die sich selbst erinnernde Wachheit des Zeugen, die in

der Stille und Leere erscheint, anstelle der Gedanken und Inhalte, die sonst das Bewußtsein füllten und bewegten.
Das Bewußtsein, das schon einmal, in der Transmission, mit seiner Quelle eins wurde, kultiviert nun auf seinem Weg dorthin die sich ergebende Klarheit; und diese Klarheit besitzt die Schärfe der Konzentration, die Wachheit der bipolaren Richtung und die Durchsichtigkeit der Stille.
Wenn man in den Bergen wandert, in einer Höhe von etwa vier- bis fünftausend Metern oder mehr, so mutet es an, als habe die Luft bei klarem Wetter eine bemerkenswert funkelnde Qualität. Es ist, als werde diese Bergluft, auf die Schnee und blauer Himmel einwirken, eins mit dem Bewußtsein. Funkelnde, strahlende, durchsichtige Frische ist gleichzeitig innen im Bewußtsein und außen in der Luft. Oder vielleicht erleben nur meditativ geübte Menschen das so? Jedenfalls machten meine Reisebegleiter und ich diese Erfahrung, als wir zwischen den schneebedeckten Gipfeln des Himalaya wanderten. Die Klarheit, die durch Meditation im Bewußtsein entsteht, erinnert an die reine, scharfe Transparenz hoher Berge.
Ein weiteres Phänomen der Natur, in dem sich diese meditative Klarheit zu spiegeln scheint, sind durch und durch klare, vollkommene Bergkristalle. Das blitzende Licht, das man in diesen wundervollen Hervorbringungen der Natur finden kann, gleicht dem meditativen Licht in der reinen Klarheit des Bewußtseins.
Bergkristalle sind Siliciumsalze, eben der selbe Quarz, den man sonst als Feuerstein findet.
Das gewöhnliche Bewußtsein mag Quarz in seiner Feuersteinform gleichen. Das meditative Bewußtsein, das in Klarheit auf seinem Weg zurück in die schon erkannte Quelle ist, gleicht dem Quarz in seiner Form als Bergkristall.
Meditation ist ein sehr langer, komplizierter Prozeß, der, um bei diesem Bilde zu bleiben, den Feuerstein des gewöhnlichen Bewußtseins in den Bergkristall des höheren Bewußtseins verwandelt.
Soll sich Feuerstein in Kristall verwandeln, ist eine umfassende Veränderung notwendig. Er muß schmelzen. Dazu ist die Hilfestellung des gesamten Erdballs erforderlich. Ein einzelner, individueller Feuerstein vermag das nicht ohne weiteres aus eigener Kraft; der Atemzug der ge-

samten Erde muß ihn unterstützen. Die Bewegungen der Kontinentalplatten, Verfaltungen von Bergketten und vulkanisches Feuer müssen dazu beitragen, die Feuersteinform des Quarzes einzuschmelzen und abzutragen. Danach müssen bestimmte günstige Umstände eintreten, wenn ein langsamer und geschützter Prozeß der Kristallisation beginnen soll. Erst dann entsteht der verwandelte Feuersteinquarz als Durchsichtigkeit, als geordnete, kristalline Klarheit.

Ein Ich, ein gewöhnliches Bewußtsein, benötigt ebenfalls die Hilfe der Erde oder der Kollektivität. Reinigung und Auflösung; Läuterung und Flammen. Es braucht das kollektive Kundalinifeuer der Evolutionskräfte, um den Stein des Ich–Bewußtseins umzuformen (vgl. Jes Bertelsen: *Indre Tantra*). Und erst im Laufe eines langen meditativen Prozesses ergibt sich die Kristallisation des Bewußtseins zu höherem Bewußtsein.

Die meditative Klarheit hat auf ihrem Weg zur Realisierung der Quelle den Aspekt der Erweiterung, der viele Formen annehmen kann. Es können etwa die Sinne geschärft und verlängert werden; oder das Bewußtsein mag sich aurisch–energetisch erweitern.

Endlich kann es sich auch diskontinuierlich in andere Dimensionen entwickeln. Dieses Neue, dieses Unbekannte, in das sich das meditative Bewußtsein erweitert, ist die genaueste Beschreibung des direkten Weges in die Quelle. Das heißt: Alles altbekannte wird verlassen. Vertraute Erfahrungen, Wege, Reaktionen – alle sind sie Stillstand oder Irrwege. Der rechte Weg führt ins Unbekannte.

Meditation ist immer wieder neu. Langeweile, Wiederholung, Bekanntheit sind keine Meditation. Ihr Weg führt beständig durch das noch nie Gesehene; das Neue, das dem ersten Tag der Schöpfung ähnlich ist. Das höhere Bewußtsein ist jung wie ein eben geborenes Kind.

Klarheit, Erweiterung, Nicht–Handeln – das ist der Weg in die Quelle.

5.5. *Wenn die überwältigenden letzten dualen Erfahrungen eintreten und das Bewußtsein wieder und wieder durch sie gesättigt wird, übt es sich darin, allmählich auch von diesen ultimativen Erfahrungen loszulassen.*

Die letzten dualen Erfahrungen erscheinen nicht nur auf dem Weg zum ersten Durchbruch des höheren Bewußtseins in Illumination, Initiation und Transmission (vgl. Punkt 2.3–2.5).
Ist die absolutistische Herrschaft des Ich erst gebrochen und die Quelle erkannt, so wird das Bewußtsein diese überwältigend schönen Zustände immer wieder spontan erleben und nach ihnen verlangen. Nach Licht, Seligkeit, Leere und Liebe. Sie scheinen die tiefsten Sehnsüchte des Bewußtseinsstroms vollkommen einzulösen (vgl. Punkt 1.5). Das Bewußtsein kann diesen Erfahrungen daher hörig werden. Mystiker und spirituelle Lehrer aller Traditionen kennen diese Zustände und ihren Sirenengesang. Inflation ist die verkehrte Verwendung des Lichtes durch das Ich; Jubilatio die Abhängigkeit von der Seligkeit.
Den Zustand, in dem man in der göttlichen Liebe ertrinkt, nennen die Inder Gottes–Intoxikation. Leere kann das Bewußtsein in die endlose Parenthese der Formlosigkeit verführen.
Derartige Probleme entstehen, weil das Ich immer noch zu viel Macht hat. Zwar sind sein Monopol und seine Königsmacht gebrochen; aber selbst jetzt sitzt es mit einem beträchtlichen Aktienpaket im Vorstand. Diese Mischung von Ego und großartigen Erfahrungen ist explosiv.
Darum ist es so wichtig, daß Menschen, die sich in einem tiefgehenden Prozeß der Meditation oder des Gebetes befinden, das rechte Maß halten können. Erfahrungen wie die eben genannten, die sicherlich nützlich und notwendig sind, sind keineswegs gleichzusetzen mit dem authentischen, transdualen, höheren Bewußtsein.
Wenn das Bewußtsein dies falsch versteht und sich aus Unwissenheit irrt, so werden Probleme entstehen. Entweder stagniert der Prozeß des betreffenden Menschen auf einem zu frühen und gefährlichen Niveau; oder aber sein Ich bläst sich in mangelndem Gleichgewicht geradezu auf.
Erfahrene Lehrer sind notwendig. Und noch wichtiger: das Ich muß

in jedem Falle seine Lernfähigkeit bewahren. In den alten spirituellen Schulen lernte man Demut, wie etwa in den Klöstern des Christentums – wenn sie so funktionierten, wie das eigentlich geplant war; im Osten lernte man Bescheidenheit im Verhältnis zu einem erleuchteten Lehrer.

Im Westen mit seinen souveränen, weltgeschichtlichen Ichs, in einer Zeit, die wenig von echter Religiosität geprägt ist, nehmen Demut, Bescheidenheit und Lernwille auf spirituellem Gebiet deutlich ab. Viele Meditierende, die einen guten Anfang machen, werden an dieser risikoreichen und verführerischen Stelle des Prozesses eingefangen.

Mit den rechten Motiven, die einem Zustand der Reife entspringen, können Menschen den Weg finden. In unserer Zeit beginnen jedoch allzuviele Menschen derartige Prozesse aus Unzufriedenheit, aus fehlendem Selbstgefühl oder Statusmangel, aus emotionaler, sexueller oder therapeutischer Unerlöstheit. Derartige Triebkräfte sind aber eine denkbar schlechte Voraussetzung. Die rechte Motivation kann nur aus Reife, Einsicht, Ausgeglichenheit und existentieller Sattheit erwachsen.

Betet oder meditiert man für das Ich, so werden alle eventuellen Früchte eben diesem Ich zufallen.

Das Ich muß aber einsehen, daß gerade es selbst der Preis des höheren Bewußtseins ist.

Sind Mitmenschlichkeit und Fürsorge keine entscheidenden Motive, so wird Meditation nie spirituell werden können.

Liebe und erweiterte Bewußtheit sind die Säulen, die diesen Prozeß tragen können. Vor einem solchen Hintergrund und mit der Hilfe guter Lehrer und Freunde wird ein Mensch sicher durch die Begegnung mit solchen kräftigen und verlockenden Erfahrungen hindurchgehen.

Auf dieser Stufe muß man sich darin üben, einerseits dem Bewußtsein zu erlauben, sich an diesen Erfahrungen zu sättigen; auf der anderen Seite aber sich von ihnen nicht verführen zu lassen. Man kann ihre Energie an andere Menschen weiterleiten – oder die Früchte an die Quelle zurückgeben.

Allmählich wird das Bewußtsein lernen, die Erfahrungen schon in ihrem Aufbau loszulassen. Sie sind dual – also gibt es einen Betrachter, der noch immer vom Betrachteten verschieden ist, sei das nun

Licht, Seligkeit oder was immer. Der rechte Weg ist, die Betonung vom objektiven Erfahrungspol auf den subjektiven erfahrenden Pol zu legen. Wenn nämlich die letzten dualen Zustände eintreten, so erfolgt eine Verschiebung des Gleichgewichtes in Richtung auf den Inhalt, die Erfahrung, den Zustand oder Gegenstand. Und dieser (etwa Stille oder Licht) schwillt in der Leere an. Energie strömt ihm zu, entwickelt neue Phänomene und brodelt in der Elektrode des Objekts. Der subjektive Pol ist zwar wach – dies ist ja die Bedingung dafür, daß der Prozeß stattfinden kann – aber eine anfänglich subtile Verschiebung auf die Seite des Gegenstands oder Zustands tritt ein.

Und eben dieses Ungleichgewicht läßt die letzten dualen Erfahrungen entstehen. Das muß so sein; sie sind eine notwendige Schulung des authentischen Prozesses. Nicht notwendig aber ist, sich im Prozeß zu verirren. Das Ego braucht solche Erfahrungen nicht an sich zu reißen. Sie kommen aus der Quelle; sie entspringen dem göttlichen Bereich, und die rechte Antwort des Ich ist Dankbarkeit, und die des Bewußtseins Einsicht, und die des Herzens Mitgefühl mit allem, was lebt.

Die richtige Übungspraxis ist, nicht an diesen ultimativen Erfahrungen festzuhalten.

5.6. *Die Gedanken werden losgelassen. Die Leere wird losgelassen. Seligkeit und das Festhalten an der Seligkeit werden losgelassen. Das Verlangen nach Erlebnissen wird losgelassen; Anstrengung wird losgelassen.*

An dieser Stelle soll der Versuch unternommen werden, die letzten Augenblicke vor der Transzendenz des dualen Bewußtseins aufzuzählen und in verlangsamter Darstellung abzumessen. Man darf nicht vergessen, daß unsere Beschreibung für ein Bewußtsein Geltung hat, das die Bewußtseinstransmission erfahren hat und eine bereits zurückgelegte Strecke noch einmal hinter sich bringt.

Das meditative stille Bewußtsein ist bestrebt, beide Pole loszulassen. Gedanken und Leere werden freigegeben, Seligkeit und alle anderen

Grenzerfahrungen wie auch die Abwesenheit dieser Erfahrungen werden losgelassen, Erlebnisse und das Begehren nach Erlebnissen in ihrer Abwesenheit werden abgelegt.
Das bedeutet, daß Nicht–Handeln eintritt; wenn das Bewußtsein von beiden Polen losläßt, verschwindet jede Anstrengung. Anstrengung steht im Verhältnis zu dem Wunsch oder der Forderung, daß etwas anders werden, daß es festgehalten oder erlebt werden soll. Wenn dieser Wunsch aufhört, wenn das Begehren nach etwas anderem, nach dem Spirituellen, endet, so landet das Bewußtsein im vollkommenen Jetzt. Hier, in diesem Jetzt, geschieht das Wunder, eben weil jeder Wunsch aufhört, daß etwas geschehen möge. Ein solcher Wunsch, nach anderem als dem, was ist, verhindert die aufmerksame Gegenwart. Wenn sie nicht da ist, ist die Tür zum Ziel verschlossen. Die Erfüllung, das Rigpa, kann sich nur aus der absoluten Gegenwart öffnen. Sobald ein Wunsch besteht, etwas zu erleben, ist das Jetzt nicht genug; und im gleichen Augenblick ist es verschwunden, in die Zukunft verflüchtigt.
Jedes Begehren, jeder Wunsch, jede Anstrengung, und sei es der kleinste Anflug von Unzufriedenheit oder Sehnsucht, hindert das Bewußtsein an einer Zentrierung im Jetzt. Hier gibt es kein Begehren, nur Durchführung, keine Wünsche, nur Erfüllung. Im Jetzt gibt es kein Sehnen, nur «das Reich Gottes».
Soll das Bewußtsein den meditativen Prozeß durchführen, ist also eine kontinuierliche und intensive Übungspraxis erforderlich. Man muß in detaillierter, geduldiger Praxis die verschiedenen Einstellungen und Handlungen geübt haben, die auf dem Weg von der Stille zur Quelle notwendig sind. Das Bewußtsein muß den Weg auswendig kennen.
Es wird oft der Vorwurf erhoben, eine solche Selbstvertiefung und Selbstbeschäftigung sei Eigenliebe und Nabelschau; ein Vorwurf, der sicher so alt ist wie das Phänomen der Meditation selbst. Darum müssen die Umstände und Perspektiven eines solchen Prozesses festgehalten werden.
Ich glaube nicht, daß ein durchschnittlicher Mensch des zwanzigsten oder einundwanzigsten Jahrhunderts sich guten Gewissens aus der Gesellschaft abmelden kann, um eine sogenannte spirituelle Ent-

wicklung durchzuführen. Es scheint von entscheidender Wichtigkeit zu sein, daß das Ich im Zusammenhang mit anderen Menschen und allgemeiner Entwicklung entfaltet wird; daher das Gewicht, das wir dem Punkt 1.10 beimessen.

Wenn ein Medizinstudent acht bis zehn Jahre seines Lebens darauf verwendet, sich zum Arzt ausbilden zu lassen, und danach eine weitere Reihe von Jahren auf eine Spezialisierung und Weiterbildung verwendet, so erhebt man nicht den Einwand, diese vielen Jahre der Beschäftigung mit sich selbst sei Eigenliebe; man denkt daran, daß der Arzt letztlich dem Allgemeinwohl dient und kranken Menschen hilft.

Da wir in der protestantischen Welt keine echte spirituelle Tradition haben – oder aber diese Tradition verlorengegangen ist –, fehlt uns die Voraussetzung, zu verstehen, wieviel Ausbildung und Übung notwendig sind, um die Funktion des höheren Bewußtseins zu aktivieren, die den betreffenden Menschen darüber hinaus noch dazu qualifiziert, andere zu unterrichten und ihnen zu einem spirituellen Kontakt zu verhelfen. Und weiter wage ich zu behaupten, daß Menschen spirituelle Kontakte benötigen; daß eine Gesellschaft, die sich gesund und human entwickeln soll, darauf angewiesen ist, daß sich jemand des spirituellen Lebens annimmt und auf echte und existentielle Weise die Entwicklung und Aktualisierung höherer Bewußtseinsfunktionen auf sich nimmt. Eine Gesellschaft braucht wissenschaftliche Grundlagen, Kunst und Institutionen, die sich der Krankenpflege und Altenfürsorge annehmen. Soll eine Gesellschaft ausgeglichen funktionieren, so müssen in ihr Organe vorhanden sein, die die verschiedenen Grundbedürfnisse decken, die die Menschen nun einmal haben. Das Christentum, das seit der Reformation auf exoterische Weise das religiöse Leben verwaltet hat, ist offensichtlich in einer tiefen Krise. Es scheint mir wichtig, daß spirituelle Bedürfnisse, spirituelles Leben, nicht aus Mangel an Nahrung und Einsicht zeitgleich mit dem Reduktionsprozeß des kirchlichen Christentums dahinstirbt. Sogenannte Neureligiosität, New Age und Strömungen von Selbstentwicklung, sind Symptome eines tieferen spirituellen Bedürfnisses, das in einer Zeit, da das religiöse und spirituelle Leben auf der ganzen Erde in großer Veränderung und Bewegung ist, nach Ausdruck und Form sucht.

Das Leben stirbt, wenn seine Quelle blockiert wird. Eine Gesellschaft reduziert sich selbst, wenn die Quelle des Bewußtseins nur indirekten Ausdruck finden kann. Durch wissenschaftliches neues Denken, Kreativität und spirituelle Durchbrüche, um nur diese Dinge zu nennen, kann sie sich am Leben erhalten. Als sinnvoller Organismus, der mit den Bewegungen der Evolutionskräfte Schritt hält. Ein Glied dieser Kette ist die Übung und Entwicklung der höheren Funktionen des Bewußtseins.
Ich behaupte: es ist wichtig für das Allgemeinwohl, daß sich Gruppen von Menschen mit spirituellen Prozessen befassen und nach neuen, unserer Zeit entsprechenden Wegen und Formen suchen, um den Kontakt mit der verborgenen Quelle des Bewußtseins wieder aufzunehmen.

5.7. *Das Bewußtsein sinkt in die Quelle hinab. Das Bewußtsein erweitert sich und wird eins mit der Unermeßlichkeit.*

Hierdurch ist das duale Bewußtsein aufs neue transzendiert. Das Bewußtsein ist frei von Begrenzung und Teilidentifikation. Die Sprache kann den gesamten Weg bis hin zur Grenze beschreiben. Der Übergang aber, die Verwandlung, läßt sich nur in der Sprachfreiheit erfahren.

5.8. *Das Bewußtsein ist durch meditative Einsicht in die Quelle des Bewußtseins wieder frei geworden.*

6. Die Übungspraxis des bewegten Bewußtseins

6.1. Existentielle Übung und Praxis nach der Transmission von Wissen um die Quelle besteht darin, das Bewußtsein wieder und wieder in die Quelle zu tauchen; tagsüber so oft wie möglich das höhere Bewußtsein zu reaktualisieren.

Ist das höhere Bewußtsein erkannt, so besteht die primäre Übungspraxis darin, das Bewußtsein zur Ruhe zu bringen, um von hier aus in der Stille mit der Quelle in Berührung zu kommen.

Üben, während das Bewußtsein strömt – das ist eine fortgeschrittene Technik. Wie wir bereits in 1.5 erwähnten, kann selbst das gewöhnliche Bewußtsein, das seine Quelle nicht kennt, die Praxis der Stille anwenden. Zwar erreicht sie ihr eigentliches Ziel erst dann, wenn die Quelle erkannt ist; dennoch kann das gewöhnliche Bewußtsein diese Praxis ohne schädliche Wirkung in seinem Versuch anwenden, still zu werden und sich seiner Grenze zu nähern. Die Übungspraxis dagegen, die wir jetzt beschreiben wollen, kann unter keinen Umständen dem gewöhnlichen Bewußtsein, das seine Quelle nicht kennt, hilfreich sein. Soll sie nicht nur zu Verwirrung führen und neue Illusionen wecken, müssen einige weitere Bedingungen erfüllt sein.

Zunächst soll der Übende nicht allein durch die Transmission eine genaue und authentische Kenntnis von der Quelle haben – er muß darüber hinaus auch mehrere Jahre den Weg der Stille in die bereits erkannte Quelle praktiziert haben.

Mit anderen Worten: soll die fortgeschrittene Übungstechnik ihre Wirkung entfalten, so muß das Bewußtsein bereits wohlgeübt im Wechsel von dualer zu nondualer Wirkungsweise sein. Es muß ausreichende Sicherheit in der Funktion des höheren Bewußtseins erlangt haben.

Ein zweiter Grundlagentypus, der durchgearbeitet sein muß, hat mit der Verhaltensweise des Bewußtseins außerhalb der eigentlichen meditativen Übungsperioden zu tun. Soll das Bewußtsein durch diese hochentwickelten Übungstechniken heranwachsen, so muß der Alltag außerhalb der meditativen Übungsstunden von zahlreichen Augenblicken durchwebt sein, in denen das Bewußtsein mitten in seinem gewöhnlichen Tun und Lassen seiner selbst eingedenk ist.

Wenn das über eine intellektuelle Nebenbeschäftigung hinausgehen soll, so erfordert es gute Vorbereitung; und in den verschiedenen Traditionen hat man mehrere Arten einer solchen Vorbereitung angewendet.

Die tägliche, ideell gesehen kontinuierliche Übungspraxis kann auf mantrischer Aktivität aufbauen. Das christliche Herzgebet (Kyrie eleison, Christe eleison) ist eine solche mantrische, tägliche, andauernde Technik. So oft es im täglichen wirksamen Leben möglich ist – also außerhalb der Perioden, die explizit Gebet und Meditation gewidmet sind –, denkt und fühlt man das Herzgebet inwendig, im Herzen zentriert; zunächst fünf- bis zehnmal am Tag, später ungezählte Male.

Entsprechende Praktiken sind von den Sufimystikern bekannt (La Illaha Illallah). Im Osten hat man überhaupt alle Arten von mantrischen Lauten als Vorbereitung zu dieser Stufe angewendet.

Der Rosenkranz oder das Mala sind Symbole, die zeigen, wie sich das Gebet oder das Mantra als spiritueller Faden in das Gewebe des Alltags einflechten.

Atemübungen, Übungen der Energiebahnen oder Chakraübungen sind andere wichtige Arten der Bewußtseinsvorbereitung.

Ein fundamentaler Ausdruck dieser ideal gesehen ununterbrochenen Übung ist die Visualisierung. Symbole, Yantras oder die aurische Ausstrahlung als solche werden unter den Tätigkeiten des Alltags wieder und wieder visualisiert – nicht etwa in einer Art Zerstreuung, sondern in bipolarer Aufmerksamkeit. Was hier angestrebt wird, ist nicht etwa ein mechanisch vor sich hin redender innerer Lärm; ein derartiger innerer Verkehr auf der Einbahnstraße würde das Bewußtsein sicher nur tiefer in den Schlaf hinein führen, von dem wir alle mehr als genug besitzen, dank der konstitutionellen Träumereien und Illusionen des gewöhnlichen Bewußtseins.

Die tägliche innere Praxis außerhalb der Meditationsstunden sollte idealerweise hellwach erfolgen, ohne Verlust an Aufmerksamkeit. Das ist selbstverständlich überaus schwierig und erfordert lange Zeit der Übung.

Die unumgänglichen Vorbedingungen dieser hochentwickelten Übungspraxis sind also folgende:

Das Bewußtsein vermag sich regelmäßig in das Rigpa zu setzen; seine höhere Funktion kann in meditativer Praxis von jedem beliebigen gefühlsmäßigen Ausgangspunkt her aktualisiert werden. Ungeachtet seiner seelisch–körperlichen Atmosphäre kann sich das Bewußtsein im Laufe seiner Meditationsübung zur Ruhe bringen und aus der Stille her das höhere Bewußtsein in der Quelle erreichen.
Der Alltag um die Stunden der Meditation ist mit Übungen und Visualisierung durchsetzt, so daß das Bewußtsein tatsächlich mehrere Male während des Tages in wacher Gegenwart seiner selbst eingedenk ist.
Auf dieser Grundlage - und auf der immer notwendigen, in 1.10 genannten, Basis – kann das Bewußtsein die hochentwickelte Übungspraxis beginnen, die darin besteht, die Quelle, das Rigpa, durch das bewegte Bewußtsein mit seinen Gedanken, Emotionen, Bildern und Gefühlen zu erreichen, also ohne Sinn und Bewußtsein zur Ruhe bringen zu müssen.

6.2. *Die Energie, die sich in Gedanken, Gefühlen, Bildern, in Sexualität oder Willen ausdrückt, entspringt dem höheren Bewußtsein, das eben die Quelle des Bewußtseins und des Lebensprozesses ist. Das höhere Bewußtsein ist die Quelle des Unbewußten.*

Was nun folgt, baut auf einer Reihe von nicht leicht zugänglichen Erfahrungen auf. Es kann nützlich sein, die Auffassung unserer herkömmlichen Bewußtseinsmodelle zu revidieren, wenn wir diese Erfahrungen näher untersuchen wollen. Die üblichen tiefenpsychologischen oder philosophischen Modelle des Bewußtseins scheinen nicht dazu angetan, derartige Erfahrungen zu erklären.
Daher befaßt sich dieser Punkt zunächst mit einigen fundamentalen Hypothesen. Was wir hier vorlegen, ist keineswegs ein Beweis; es ist noch nicht einmal der Versuch, etwas als wahrscheinlich darzustellen. Es sind teleologische Postulierungen über seltene und schwer zugängliche Erfahrungen und über eine Form der Meditationstechnik, oder Technik der Nicht–Meditation, die aus solchen Erfahrungen entspringt.

Im allgemeinen ist man in der Tiefenpsychologie der Ansicht, daß das Bewußtsein aus dem Unbewußten entsteht. Dieses Unbewußte, das in der Erkenntnistheorie so treffend mit dem Status des Unerkennbaren umschrieben wird – eines *Dinges an sich* –, wird als Matrix nicht nur des Inhaltes, sondern meist auch der Form des Bewußtseins betrachtet.

Unsere erste Behauptung ist: alle nur denkbaren und erfahrenen Formen des Bewußtseins entstammen dem höheren Bewußtsein.

Das Unbewußte, das wache gewöhnliche Bewußtsein, das Traumbewußtsein, das Bewußtsein oder die Unbewußheit des tiefen Schlafes; astrales Bewußtsein, Bardobewußtseinszustände, Bewußtseinserlebnisse außerhalb des Körpers: all diese verschiedenen Formen des Bewußtseins sind Variationen, Ausdrucksformen oder Facetten des konstanten und grundlegenden höheren Bewußtseins, dessen eigentliches Wesen das Einheitsbewußtsein ist.

Unsere zweite, die erstere unterstützende Behauptung lautet: alle Bewußtseinsinhalte und Bewußtseinsmodifikationen, hierunter verschiedene Ausdrücke und Formen der Energie, sind Modifikationen des höheren Bewußtseins – woraus zu folgen wäre, daß sie dieses letztendlich enthalten.

Gedanken, Bilder, Archetypen, ätherische und bioenergetische Strömungen, Sexualität, Emotion, Gefühle, Symbole und Visionen, Auraphänomene und Ausstrahlung, sind in ihrer Summe Ausdruck für das höhere Bewußtsein in seinem manifestierenden und manifestierten Aspekt.

Schließlich behaupten wir als drittes und letztes: durch Meditation und Gebet wird es dem gewöhnlichen Bewußtsein ermöglicht, das höhere Bewußtsein zu erfahren, indem es nämlich seine Funktionsweise von dualer zu transdualer Form ändert.

Das ist an und für sich nichts neues. In den höchstentwickelten spirituellen Begriffssystemen unserer Erde gibt es entsprechende Vorstellungen.

Bei Meister Eckehart, Ramana Maharshi, im tibetischen Dzogchen oder Atiyoga und im Zen-Buddhismus wird diese Auffassung vom Wesen des höheren Bewußtseins mehr oder weniger klar und detailliert ausgedrückt – was nicht besagen soll, daß sie nicht auch anderswo besteht. Hier haben wir nur Beispiele genannt. Dieses Erkenntnismodell entspringt sehr hoch entwickelten, mystisch-spirituellen meditativen Erfahrungen.

Die gesamte mystische Literatur enthält einen über alle Maßen reichen Schatz an Erkenntnissen über das Wesen des Menschen und über die Natur des Bewußtseins. Was die Tiefenpsychologie – mit Freud, Jung, Reich, Grof und anderen – entdeckt hat, ist, so imposant es auch aussieht, nur ein kleiner Teil des Wissens, das in der esoterisch–spirituellen Literatur bereits zugänglich ist.

Die erleuchteten Meister, seien sie nun christlicher, sufistischer, hinduistischer oder buddhistischer Observanz, verfügen in ihrer Gesamtheit über eine Erfahrungssumme von erstaunlicher Tiefe und Universalität. Westliche Psychologie, Tiefenpsychologie und Philosophie haben dieses sehr viel weiterreichende Wissen bisher nur in verschwindend geringem Maße zu integrieren vermocht.

Die Schwierigkeit besteht darin, daß das gewöhnliche duale Bewußtsein nicht unmittelbar zu den Erfahrungen gelangen kann, die nötig sind, wenn sich die meditative Bewußtseinsdimension öffnen soll.

Es ist charakteristisch, daß sich weder Freud noch Jung, Rank oder Reich mit dem mystisch–meditativen Erfahrungsbereich auseinandersetzten. Die jüdische Kabbalah hat so gut wie keine Spuren bei Freud und seinen Schülern hinterlassen. Auch wenn Jung einiges an mystischer Literatur gelesen hat – aus dem Westen wie aus dem Osten –, so hat ihn das nicht nachhaltig geprägt.

Jung versuchte das erleuchtete Bewußtsein des Ostens als irgendeine Form des Unbewußten zu begreifen. Als er durch Indien reiste, wurde er von vielen an Ramana Maharshi verwiesen; er wagte aber nicht, sich dieser Konfrontation zu stellen.

Man möge diese Äußerungen nicht mißverstehen. Ich hege großen Respekt für die Leistung der Tiefenpsychologie. Sie kann unschätzbare Hilfe leisten in der Vorbereitung für die wirkliche meditative Arbeit. Wenn wir im Westen den Weg zu einer, unserer Zeit entsprechenden, meditativen und spirituellen Schulung und Übungspraxis finden wollen, so werden die Wege und Erkenntnisse, die die Tiefenpsychologie aufzeigt, als Grundlage unumgänglich sein. Tiefenpsychologische Forschung kann den Weg bahnen für eine

kommende wissenschaftliche meditative Bewußtseinsforschung und Praxis, in der die höheren Funktionen des Bewußtseins nicht mehr in sektiererischem, sondern in allgemeinmenschlichem, globalem Geist erforscht und geübt werden. Als das Ich allgemein wurde, entledigte es sich seines dogmatischen Deckmantels, der bis dahin sicherlich hilfreich und evolutionsgeschichtlich notwendig gewesen war.
Die größten Mystiker, die tatsächlich erleuchteten Bewußtheiten, haben die engen religiösen Rahmen transzendiert, die zu einem bestimmten Punkt in der Entwicklungsgeschichte des menschlichen Geistes gewiß ihre Berechtigung haben. Wenn das höhere Bewußtsein allgemein zugänglich sein wird, so wird auch diese Funktion als allgemeine Eigenschaft des Menschen erscheinen, sie wird sich nicht mehr den religiösen Dogmen und Unterschieden unterwerfen.
Irgendwann einmal werden die Menschen in Frieden zusammenleben. Liebe, schöpferische Aktivität, Wissenschaft und Meditation werden die hauptsächlichen Bereiche der Lebensentfaltung sein, die harmonisch im Einklang mit dem Erdball, seinen mineralischen Reserven, seinen Pflanzen und Tieren sein wird. Wenn die Funktion des höheren Bewußtseins einmal gemeinsames Eigentum aller Menschen sein wird, so wird sich die Erde zu dem Paradies verwandeln, als das man sie sich jetzt schon vorstellen kann. Der natürliche Prozeß der Entwicklung des Bewußtseins wird die Menschen zu diesem vorläufigen Ziel führen.

6.3. *Ist das höhere Bewußtsein gefunden und die Quelle folglich bekannt, so lassen sich Gedanken, Gefühle, Begehren und Bilder auflösen und in die Quelle zurückführen, der sie entstammen; das geschieht, indem das Bewußtsein – gleichzeitig mit dem Gedanken, dem Gefühl, dem Begehren, dem Bild – in die Quelle eintaucht.*

Wie wir gezeigt haben, besteht die grundlegende Vorgehensweise darin, daß das Bewußtsein zunächst zur Ruhe in der Stille gebracht wird; aus der Stille bewegt es sich dann in die Offenheit zum höheren Bewußtsein.

Hier dagegen geht das Bewußtsein direkt von der Störung, dem Impuls oder Gedanken, in das Rigpa hinein; dadurch fließt die in dem Gedanken oder der Störung enthaltene Energie dorthin zurück und macht das höhere Bewußtsein schärfer und klarer.
Dies hört sich verlockend an für das gewöhnliche Bewußtsein, dessen Hauptproblem in meditativer Hinsicht ist, daß es nicht still zu werden vermag – dauernd finden sich Gedanken und Assoziationen und Störungen, ergo ...
Aber dieses gewöhnliche Bewußtsein wird nie den direkten Weg von einem Gedanken oder einem Bild in die Quelle finden. Denn diese ist ihm verborgen, wie wir in 1.2 zeigten.
Nicht einmal ein Bewußtsein, das in der Initiation oder Illumination die entscheidende Bewußtseinstransmission empfangen hat, wird ohne weiteres vom Inhalt zur Quelle kommen. Erst Stille und die dualen Erlebnisse des Grenzzustandes öffnen wieder einen Weg dorthin. Darum ist, wie schon gesagt, gründliche Arbeit an der Praxis des stillen Bewußtseins erforderlich, ehe sich im Bewußtsein so viel Klarheit und Übungssicherheit findet, daß es sich unmittelbar von den Bildern, Gedanken und Impulsen zur Quelle und weiter ins höhere Bewußtsein bewegen kann.
Die Technik ist allerdings simpel, wenn auch in gewissem Sinn sehr fortgeschritten: das höhere Bewußtsein zieht seine Manifestationen automatisch zurück, und zwar in dem Augenblick, da das Bewußtsein zeitgleich mit der Manifestierung seine Bewußtheit der Quelle realisiert. Die Energie der Gedanken wird befreit und fließt von selbst in das Rigpa zurück, wenn die Quelle gleichzeitig mit den Gedanken berührt wird. Hierdurch entsteht eine wasserfallartige, sich selbst verstärkende Intensivierung des Bewußtseins. Diese Technik ist daher von so durchschlagender Wirkung, daß sie im allgemeinen anfänglich nur in kleinen Dosierungen angewendet werden kann.
Die energetische Entsprechung der Bewußtseinsintensivierung wird der Entfaltung und Wirksamkeit des höheren Bewußtseins zur Verfügung gestellt. Zwei der wesentlichen Formen sind einerseits Mitmenschlichkeit, andererseits bewußtseinserhöhende Aktivität in Form von direkter oder indirekter Unterweisung. Vorträge, Kurse, Publikationen sind etwa Beispiele eines indirekten bewußtseinsfördernden Unterrichts.

Transmission ist direkte Belehrung des Bewußtseins. Mitmenschlichkeit ist Engagement darin, ein Milieu oder Klima zu fördern, in dem günstigere Bedingungen für die Freundlichkeit bestehen können.

Die Übungspraxis des bewegten Bewußtseins – wenn die Quelle erkannt und die Praxis der Stille eingeübt ist – beruht also darauf, daß alle dualen Formen und Ereignisse aufgelöst und mit der hellwachen nondualen Quelle des Bewußtseins in dem Augenblick vereint werden, da die meditative Bewußtheit der Quelle des Bewußtseins gedenkt und sie damit reaktualisiert.

6.4. Das gewöhnliche duale Bewußtsein wird befreit durch meditative Einsicht in die Quelle des Bewußtseins: das höhere transduale Bewußtsein.

Ein Bewußtsein, welches vom Ich und Du befreit ist, drückt sich natürlich durch Mit–Gefühl und Mitmenschlichkeit aus.

Für einen solchen Menschen, der ja in eigentlichem Sinn zu sich selbst gekommen ist, ist das wichtigste der Versuch, daran mitzuwirken, daß Freundlichkeit und Selbsteinsicht gefördert werden.

Die Motive des Ego haben hier ihre numinose Überzeugungskraft verloren. Das höhere Bewußtsein ist die eigentliche Gemeinschaft des Menschen.

Meditative Einsicht in die Quelle des Bewußtseins wird allmählich dazu führen, daß das Bewußtsein sich von der Ordnung der Dinge und der Welt befreit, die man Ego und Egoismus nennt. Stattdessen wird es verwandelt und öffnet sich für mitmenschliche Gemeinschaft in höherem Bewußtsein.

Das befreite Bewußtsein existiert in einer neuen Ordnung der Ganzheit und des Zusammenhangs, in der andere Strukturen im Vordergrund stehen. Der individuelle Ausdruck des Bewußtseins und der Persönlichkeit ändert seinen Standpunkt vom Ich zum Selbst.

Während für das Ich zwangsläufig Zersplitterung, Konflikte und Unbewußtheit bestehen, herrschen im Bereich des Selbst Synthese,

Integration und Selbsteinsicht vor. Wo das Ich letztlich feindlich eingestellt ist – sogar sich selber gegenüber – kraft seiner Begrenztheit und Unwissenheit, ist das Selbst in seiner Grundstruktur freundlich und hilfreich dank seiner Offenheit für das höhere Bewußtsein.

Wenn die Quelle offenbar ist und die meditative Übung fortgesetzt wird, so bewegt sich der Verwandlungsprozeß des Bewußtseins durch drei Stadien: das Selbst, das offene Feld und die Einheit.

Der direkte Ausdruck des höheren Bewußtseins ist Mitgefühl, natürlicher Verzicht und Weisheit.

6.5. *Die Befreiung des Bewußtseins bedeutet dasselbe wie die Selbstverwandlung des gewöhnlichen Bewußtseins zu höherem Bewußtsein.*

7. Höheres Bewußtsein

7.1. Die Quelle des Bewußtseins gründet sich durchsichtig in den erleuchteten Meisterfeldern.

7.2. Das gewöhnliche Bewußtsein ist somit letztendlich das höhere Bewußtsein.

7.3. Und das höhere Bewußtsein ist in seinem innersten Wesen das erleuchtete Einheitsbewußtsein.

7.4. Ganz gewöhnliches Bewußtsein ist daher im Grunde göttlich.

dokumentation

Der voranstehende Text und sein Kommentar stellen den Weg vom gewöhnlichen zum höheren Bewußtsein als linearen Verlauf dar.
Es folgt nun eine Dokumentation, die die Form eines Kaleidoskops hat: jedesmal, wenn ein neuer Mystiker auftritt, dreht es sich, und eine neue Konfiguration, ein neues Mandala erscheint.
Ich habe eine Reihe von Zitaten erleuchteter Meister aus West und Ost, Nord und Süd ausgewählt. Dabei habe ich nicht versucht, etwa alle spirituellen Schulen der Erde in einer Systematik zu repräsentieren. Das wäre wohl kaum durchführbar. Doch soweit es mir möglich war, sind die wesentlichen Schulen vertreten.
Die Beispiele sind nicht nach dem Gesetz des Zufalls geordnet, aber auch nicht logisch. Es handelt sich vielmehr um eine musikalisch–intuitiv–kaleidoskopische Abfolge, zyklisch und rhythmisch.
Der Inhalt, der so durchgespielt wird, ist derselbe wie der des Textes; er unterscheidet sich aber auch von ihm. Das Thema wird aus neuen Winkeln beleuchtet und in anderen Bildern und Terminologien ausgedrückt. Der Kern ist derselbe: das erleuchtete Bewußtsein. Die Wege sind unterschiedlich, die Ausdrücke variieren und verweisen so auf neue Aspekte des Prozesses.
Der Charakter des Dokumentarischen liegt darin, daß alle diese verschiedenen Zitate der vielfältigen Mystiker und Erleuchteten aller Zeiten und Orte sich dennoch auf dieselbe Grundtatsache beziehen: auf das Göttliche als Quelle des gewöhnlichen Bewußtseins, das höhere erleuchtete Bewußtsein als das wahre und ursprüngliche Antlitz des Bewußtseins.
Bassui zum Beispiel ist ein erleuchteter Zenmeister aus dem Japan des zwölften Jahrhunderts.
Schon als er ein Junge von sieben Jahren war, wurde sein Bewußtsein mit der Frage konfrontiert, wo die Gedanken herkommen, und wer es eigentlich ist, der da sieht und hört.
«Da ich noch klein war, beunruhigte mich eine Frage vor allem: was

denn antwortet, abgesehen von diesem Leib, auf die Frage: ‹Wer bist du?› mit ‹Ich bin der–und–der?›. Diese Beunruhigung ward, da sie einmal angehoben hatte, mit jedem Lebensjahre tiefer, und ich beschloß, Mönch zu werden.»

Viele Kinder stellen metaphysische und religiöse Fragen, nur wenige aber halten an diesem Fragen fest. Bassui fragte nicht nur mit dem Kopf, er fragte immer wieder und wieder, wie es schien mit dem ganzen Körper. Diese Frage war ihm lebenswichtig.

Bei seiner Geburt hatte Bassuis Mutter eine Vision: er werde zu einem Feind, er werde seine Eltern töten. Darum setzte sie das Kind aus; ein Diener rettete es heimlich und beschützte es.

Bassui löste diesen Konflikt nicht auf griechische Weise wie Ödipus, der sein Schicksal aufsuchte, das Rätsel der Sphinx löste – was ist der Mensch? –, seinen Vater tötete und seine Mutter heiratete.

Doch die Frage nach dem Ursprung, die Ödipus und Bassui gemeinsam ist, wurde durch einen Schock ausgelöst, durch die Entfernung von den biologischen Eltern. Bassui und Ödipus wurden aus dem unmittelbaren Zusammenhang mit ihrem Ursprung, ihren Eltern, gerissen. Das ist für viele ein grausames und fast unüberwindliches Schicksal. Für andere aber ist es oder wird es zu progressivem Karma, dem Beginn und der Erhaltung spirituellen Suchens.

Es sind mir viele suchende und fragende Menschen begegnet, denen durch Krankheit, Adoption, Schock und Todesnähe der unmittelbare Zusammenhang mit ihren Eltern genommen war!

Die meisten kämpfen und sind unglücklich; sie suchen Behandlung, Therapie, Heilung. Und es ist gut, notwendig und richtig, so zu handeln; – um den Ödipusinzest zu vermeiden, um die wirklichen oder vielleicht oft eingebildeten, darum aber nicht minder schmerzlichen Wunden eines Inzestes zu heilen.

Und ab und zu begegnet man einem Menschen, der diesen tragischen Bruch in der Kindheit zu wenden oder ihn zu nutzen verstand; einem Menschen, der das Geschenk entdeckte, das sich in der Tragödie verbirgt: die spirituelle Freiheit, die echte Suche nach einer tieferen Antwort auf das Rätsel des Ursprungs als der, die aus biologischen Eltern, Erbe und Milieu besteht.

«Wollt ihr zur Erleuchtung gelangen, müßt ihr daher vor allem in den Urquell blicken, dem die Gedanken entspringen. Beim Schlafen und Wachen und allen Verrichtungen, im Stehen und Sitzen, fragt euch einzig zutiefst: ‹Was ist mein eigener Geist?› voller Verlangen, das zu begreifen. Dies nennt man ‹Schulung› oder ‹Erforschung› oder ‹Wille zur Wahrheit› oder ‹Verlangen nach Erkenntnis›.»

Diese brennende Frage nach dem Ursprung nennt man im Zen die Frage nach dem Antlitz, das man vor der Geburt hatte, dem ursprünglichen Antlitz. Und diese Frage wird nicht etwa intellektuell gestellt, sondern mit aller existentieller Leidenschaft. Der Mensch wird selber zur Frage.

«Wenn Du – da der Weg Deines Denkens versperrt, Deine Kraft erschöpft ist und Du gar nicht mehr weißt, was tun – dennoch weiter vordringst und Dich in den ungeheuren Abgrund von Feuer stürzt, die Hände hoch in der Luft – in das immerdar brennende Vajra-Flammenmeer Deines eigenen Ur-Wesens – so werden alle trügerischen Gedanken, Gefühle und Vorstellungen, zusammen mit der Wurzel Deines Lebens, zunichte, und der Ursprung Deines Selbst-Wesens tritt in Erscheinung.»

Zunächst muß das Denken jene Grenze erreichen, an der die Leidenschaft der Frage den Schutzzaun des Intellekts tötet (Kant und Kierkegaard); danach erfolgt die Transmission: das höhere Bewußtsein bricht als Feuer des Satori über das Ich herein und verzehrt es.

Bassui hatte lange Jahre hindurch gefragt und meditiert; viele Durchbrüche waren erfolgt – dennoch blieb immer noch ein Zweifel. Endlich fand er seinen wirklichen Lehrer, den großen erleuchteten Roshi Koho-Enji. Koho fühlte, daß Bassui reif war wie eine Frucht, kurz bevor sie vom Zweig fällt. Und in einer tiefen Begegnung – er fragte, und Bassui wollte eben antworten – unterbrach Koho ihn wie ein Schwert, das den Kopf vom Körper trennt, mitten in der Antwort: kein Bedarf für das Bewußtsein!

Der rechte Augenblick. Ein echter Meister, ein echter Schüler. Und das Mysterium der Begegnung: Schweiß drang aus allen Poren, das Bewußtsein taumelte schwindelig in seinen wahren Abgrund. Wiedererkennung. Tränen wie Regen; Tränen der Dankbarkeit; Tränen der Einheit und der Liebe.

Und Bassui enthüllt seine Größe; selbst nach dieser leuchtenden Verwirklichung bleibt er dabei, den Diamanten zu polieren:
«Doch selbst nach solchem Satori–Erlebnis werft wieder und wieder von euch, was ihr in der Erleuchtung erkannt habt. Kehrt euch abermals dem Meister, der erkennt, das heißt dem Ursprung zu, und dringt entschlossen vor. In dem Maße, wie Verblendung und Eigenwille von euch weichen, wird euer Selbst–Wesen strahlend und durchscheinend [...]»
Übung nach dem Satori: wieder und wieder in das Feuer der Freiheit hineinsterben; so lange, bis alle Gefühle in Mitgefühl verwandelt sind, alle Gedanken in Licht auf dem Weg anderer.

Meister Eckehart

«Je mehr Du alle deine Kräfte zur Einheit
und in ein Vergessen aller Dinge und ihrer Bilder,
die Du je in Dich hereingenommen hast, einzuziehen vermagst,
und je mehr Du Doch von den Kreaturen und
ihren Bildern entfernst,
um so näher bist du [Gott].»

Meister Eckehart, der 1260 geboren wurde und 1328 starb, im Jahr nach Bassuis Tod, war Dominikanermönch und studierte die Schriften Thomas von Aquins. Unter den christlichen Mystikern gehört er ganz sicher zu denen, die den höchsten und klarsten Grad der Erleuchtung erlangten. Im Japan des zwanzigsten Jahrhunderts wurde er ähnlich bekannt und beliebt wie Franz von Assisi. Suzuki, der einer der ersten Japaner war, die den Zen–Buddhismus in den Westen brachten, ist der Autor eines Buches, in dem er diese Form des Buddhismus mit Eckehart vergleicht. Und in der Tat spricht Eckehart oft wie ein Zenmeister. Jedoch verwendet er die christliche Dogmatik und ihren Bezugsrahmen, um seine leuchtende Gnosis auszudrücken.
Eckehart beschreibt den Weg eines Menschen zur Einheit mit Gott in drei Phasen.

Zunächst muß der Mensch selbst arbeiten in Gebet, Meditation und ethischem Lebenswandel. Dieser Weg führt bis an die Grenze dessen, was der Mensch unmittelbar vermag.
Die nächste Stufe ist die Grenze, an der die Wirksamkeit des Heiligen Geistes die Führung übernimmt. Dies ist der Einfluß der Gnade.
Der letzte Schritt ist die Geburt Gottes in der Seele des Menschen; die Verwirklichung und Entfaltung des Christusbewußtseins selbst.
Die vier Grundsäulen des gesamten mystischen dynamischen Prozesses sind für Eckehart Gott, die Heilige Maria, der Heilige Geist und Christus.
Diese vier Grundstrukturen, die die vier wichtigsten Eckpfeiler des Christentums sind, betrachtet Eckehart nicht etwa nur als äußere, metaphysisch-dogmatische, ferne Kräfte und Bilder oder als tiefenpsychologisch archetypische Gestalten. Für ihn drücken sie grundlegende Strukturen im menschlichen Bewußtsein aus. Das christliche Mandala von Gott, Maria, dem Heiligen Geist und Christus enthält das Mysterium der menschlichen Seele und ihrer Erlösung, verstanden als meditatives Drama innerhalb der eigenen individuellen Bewußtheit des Menschen.
Die erste Aufgabe eines Menschen ist, Gott näher zu kommen.
Gott ist Nichts; Sein über allem Sein; maß-loses Sein; Einheit, «und davon kann man nicht reden.»
Wie aus dem einleitenden Zitat hervorgeht, nähert sich der Mensch Gott im Gebet.
Es geht darum, die zersplitterten Kräfte zur Einheit zu sammeln.
Der Mensch verzettelt sich: er will Sexualität, Erlösung, ein neues Auto; er ist streitlustig, möchte verreisen, möchte fernsehen. Seine Kräfte haben sich zerstreut. Man will nicht eines, die Erlösung, die Freiheit, man will tausend verschiedene Dinge, und neben all diesen Dingen will man obendrein auch noch die Erlösung.
Gebet bedeutet, alle Dinge und ihre Bilder zu vergessen, sich vom Geschaffenen zu entfernen, um dem Schöpfer näher zu kommen.
Eckehart hat zahllose Beschreibungen für diesen Prozeß aus der Vielfalt der Welt in die Einheit der Seele geliefert.
Im Gebet soll der Mensch das Erschaffene, die Dinge, die Bilder, alle Arten und Weisen verlassen; er soll die gefangenen Kräfte frei-

setzen. Wann immer sich der Sinn in Formen bildet, wird er gefangen und eingeengt. Jedesmal, wenn das Bewußtsein in Bilder verfällt, werden sein Licht und seine Kräfte zerstreut.

Auch den Zustand, den das meditative Gebet anstrebt und der sich folglich Gott nähert, auch diesen Zustand umschreibt Eckehart auf zahlreiche Weise: er nennt ihn Lauterkeit, Leere, Bloßheit, Armut, Gelassenheit; es ist sich nach innen zurückziehen, schweigen, sich sammeln.

Und die Gottesnähe, das Ziel, die Meditation, die sich nähert, wird genannt: Grund, Strom, Quelle, Nichts, Gott, Licht, Einheit, Sein, Jetzt.

Gebet ist, alles zu verlassen, was sich nach außen bewegt. Die Welt, das Erschaffene, alle Dinge und ihre Bilder ziehen die Seele auswärts.

Aber auswärtig sind nicht nur die Öffnungen und Eindrücke der fünf Sinne; auswärts sind auch alle Vorstellungen, die von innen kommen und eben nach außen gehen, alle Gedanken, Bilder, Phantasien, Triebe, Eingebungen. All das sogenannte innere Leben ist für Eckehart ebenfalls auswärtig. Alle Gestalten und Formbildungen überhaupt und alle Eindrücke sind extern; sie mögen durch die Sinne von außen kommen oder von innen, aber sie richten sich nach außen. Der gesamte Sinn bewegt sich auswärts.

Diese Richtung in das Äußere wird durch das Gebet angehalten.

Gebet richtet sich nach innen. Alles, was sich nach außen richtet, führt von ihm weg.

Der Grenzzustand, in dem das meditative Gebet endet, wird von Eckehart Mariazustand genannt:

«Jungfrau besagt so viel wie ein Mensch, der von allen fremden Bildern ledig ist, so ledig, wie er war, da er noch nicht war.»

Sieh dein wahres Gesicht: das, welches du hattest, als du noch nicht geboren warst: sagt der Zen-Buddhismus. So frei und offen, wie du warst, als du noch nicht warst: sagt Eckehart.

In diesem offenen und leeren Zustand ist der Mensch empfänglich für die Gnade; der Heilige Geist kann die rezeptive, weltleere, gottesoffene Seele befruchten.

«Er würde schwanger vom Nichts wie eine Frau mit einem Kinde, und in diesem Nichts war Gott geboren; der war die Frucht des Nichts.»

Wenn ein Mensch durch Gebet und Meditation den offenen, jungfräulichen Mariazustand erreicht, so gebiert Gott in ihm durch den Heiligen Geist seinen Sohn. Das ist das ultimative Mysterium. Das ist es, wovon die Kirche spricht, was sie lobpreist, worauf sie hinweist. Und das ist, was die christliche Mystik praktiziert und durch Gebet und Meditation verwirklicht.

«Dann wird Gott in uns geboren, wenn alle Kräfte unserer Seele, die vorher gebunden und gefangen waren, ledig und frei werden und in uns ein Stillschweigen aller Absicht eintritt und unser Gewissen uns nicht mehr straft; dann gebiert der Vater seinen Sohn in uns.»

Nun ist Eckeharts Werk selbstverständlich weit umfassender und komplizierter, als diese ultrakurze Darstellung vermuten läßt. Liest man ihn aber nicht nur mit dem Verstand, sondern durch Praxis und Erfahrung, so empfindet man vielleicht das Wasserzeichen, das in so gut wie jeder seiner Predigten verborgen liegt.

Will man einen direkteren Vergleich ziehen, so mag man sich bei allem Respekt für die Unterschiede mit folgender Parallelität oder Analogie versuchen:

Gott könnte für das höhere Bewußtsein in seiner Urform stehen: das erleuchtete Bewußtsein, das als schöpferischer Grund hinter allen bewußten und unbewußten Manifestationsformen liegt.

Maria wäre das gewöhnliche Bewußtsein in seinem Grenzzustand als jungfräulich offene Leere.

Der Heilige Geist mag dem Mysterium der Transmission entsprechen.

Und Christus ist die Quelle, die sich in der Transmission offenbart, und die wirksame Form des höheren Bewußtseins im einzelnen Menschen.

Liest und vergleicht man die Mystiker der verschiedenen Zeiten und Länder, so besteht die Gefahr, daß einem alles in einer Art ewig unveränderlicher Statik erstarrt. Aber der Gang der Geschichte und des Daseins hat eine unglaubliche Dynamik. Es hat zweifelsohne den Anschein, daß es zwar eine – aber überaus langsame – Evolution gibt. Das sieht nicht nur technisch–wissenschaftlich so aus; auch das Bewußtsein scheint eine eigene Entwicklungsgeschichte zu haben, die hoffentlich nicht auf der ganz ordentlichen, aber doch äußerst primitiven Stufe kulminiert, auf der wir uns zur Zeit global befinden.

Ich könnte mir vorstellen, daß sich die Schichten des Bewußtseins unterschiedlich entwickeln. Die Ebene des kollektiven Unbewußten scheint von noch größerer Langsamkeit zu sein als das gewöhnliche wache Bewußtsein. Die archetypischen Strukturen und ihre Spiegelungen in den exoterischen Gottesvorstellungen der mannigfaltigen Religionen bewegen sich mit ungeheurer Zähflüssigkeit. Und doch scheint eine Entwicklung stattzufinden (so meinte etwa Jung, daß es mit Sicherheit über die Jahrtausende einen Prozeß der Entwicklung und Verwandlung im kollektiven Unbewußten gibt).

Die wache Bewußtseinsdimension hat ganz sicherlich eine Entwicklung durchgemacht: von träumender Herdenmentalität zu einzelnen Ichs und weiter zu der Verallgemeinerung des Ich. Und es scheint ein Prozeß stattzufinden, der von einzelnen Selbsten (eben den Mystikern) zur Verallgemeinerung des Selbst führt.

Wie steht es aber mit dem höheren erleuchteten Bewußtsein? Ist es ewig unveränderlich? Oder vollzieht sich auch hier eine Entwicklung? Man könnte sich vorstellen, daß in diesem Aspekt wiederum eine andere Geschwindigkeit vorherrscht. Es scheint ein Widerspruch in sich selbst, im Verhältnis zu einer nondualen Dimension des Bewußtseins von Zeit und Entwicklung zu reden. Doch ohnehin widerspricht sich alles selbst, was man über das erleuchtete Bewußtsein zu sagen versucht.

Wenn man daher Aussagen über nonduales Bewußtsein aufgrund anderer Aussagen darüber abweist, so ist diese Abweisung wiederum bedingt. Wenn die Mystiker sagen, daß das erleuchtete Bewußtsein das Jetzt ist – nicht etwa, daß es im Jetzt ist, sondern das Jetzt selbst –, so erscheint der Begriff einer Entwicklung unmittelbar absurd. Doch auch die erste Aussage, daß alle gegenwärtigen Augenblicke, alle «Jetzte», im höheren Bewußtsein ein einziges Jetzt sind, ist nur ein Fingerzeig.

Vielleicht könnte man es mit einer bewußt widersprüchlichen Aussage versuchen. Das erleuchtete höhere Bewußtsein ist die Grundlage des Unbewußten und des gewöhnlichen wachen Bewußtseins. Vom Unbewußten und der Ich–Bewußtheit aus gesehen ist die Evolution eine Realität. Gleichzeitig ist das höhere erleuchtete Bewußtsein aus der Perspektive des Phänomens der Zeit ewig oder unzeitlich und als solches nicht in einer Entwicklung im normalen Sinne dieses Wortes begriffen.

Mit anderen Worten: das erleuchtete Bewußtsein befindet sich in einer Entwicklung, insoweit es sich als gewöhnliches Bewußtsein und als das Unbewußte ausdrückt; sofern es in seiner Unterschiedlichkeit von der Dualitätsbewußtheit und ihrer Transzendenz beschrieben wird, tut es das nicht.

Das leichteste und nüchternste wäre, sich wie Kierkegaard und Kant jeden Kommentars über das Noumenale zu enthalten. Nur ist da ein Problem: es gibt eine wohldokumentierte und nach meiner Ansicht autoritative Sammlung von Erfahrungen und Aussagen, die keinen Raum finden in einem Weltbild, das davon ausgeht, daß das Bewußtsein nur und allein die gewöhnliche denkende inhaltsgefüllte Bewußtheit des Ich ist.

Weder die Theorien über das Ich–Bewußtsein noch die vom Unbewußten sind imstande, die meditativen transdualen Erfahrungen zu erklären oder Licht auf sie zu werfen – sie können sie höchstens reduzieren und abweisen.

Was wir bisher andeuteten und nun vorschlagen wollen, betrachte man nur als Thematisierung.

Wie ich bereits gesagt habe, scheint es mir wichtig, daß man sich den mystischen und meditativen Erfahrungen und Forschungswegen stellt. Was ich schreibe, entspringt derartigen Erfahrungen und einem Gefühl, daß die psychologischen und philosophischen Modelle nicht einmal annähernd das Wesen des Bewußtseins in seiner Ganzheit verstanden haben. Die tiefenpsychologische Forschung ist sicherlich eine beeindruckende und anwendbare Grundlage; erst dann aber, wenn in einem Verständnismodell des menschlichen Bewußtseins Raum gegeben wird für meditative Erfahrungen, besteht Hoffnung, daß der Prozeß der Verallgemeinerung des Selbst schneller verläuft. Das allgemeine psychologische und pädagogische Klima wird sich sicherlich irgendwann für höhere bewußtseinsmäßige Perspektiven öffnen. Und vielleicht mag das, was wir hier entwickelt haben, mit der Zeit zum Tragen kommen können in einem derartigen Prozeß der Öffnung.

Ich will mit einem letzten provokanten Zitat Eckeharts schließen: «Das Nun, darin Gott den ersten Menschen schuf, und das Nun, darin der letzte Mensch vergehen wird, und das Nun, darin ich spreche, die sind gleich in Gott und sind nichts als EIN NUN.»

Der unveränderliche Aspekt des Bewußtseins: die ewige, mystische Philosophie. Nirvana.

Sein veränderlicher Aspekt: die zyklische oder lineare Entwicklung. Samsara.

Die Transzendenz oder Einheit dieser beiden Aspekte: Erleuchtung. Rigpa.

Der Kristall des Bewußtseins

A. Die Gedanken
B. Sieh die Gedanken!
C. Das betrachtende Bewußtsein und die betrachteten Gedanken gleichzeitig.
D. Die Gedanken steigern ihre Geschwindigkeit: Entspannung.
E. Die Gedanken kommentieren und formulieren den Prozeß.
F. Den Betrachter erweitern zu nicht-sprachlichem Wissen, was geschieht und was gedacht wird, während es geschieht und gedacht wird.
G. In die Quelle des Betrachters einsinken.
H. Freiheit.

Ramana Maharshi

«Die Leute haben Angst, wenn das Ich oder der Sinn stirbt, könnte das Ergebnis nicht Glück, sondern vollkommene Leere sein. Was aber wirklich geschieht, ist folgendes: der Denker, sein Objekt oder

Gedanke und das Denken verschmelzen alle in der einen Quelle, die Bewußtsein und Seligkeit selbst ist, und dieser Zustand ist weder träge noch leer.»

Es gibt zwei Arten der Verwirklichung des höheren Bewußtseins. Die üblichste ist, einen Lehrer zu suchen, der dann sein Wissen über dieses Bewußtsein durch unmittelbaren Bewußtseinskontakt auf den Schüler überträgt. Seltener ist, daß der Suchende direkt und ohne Vermittlung durch einen Menschen mit diesem Höheren in Berührung kommt.
Venkataraman gehört wie Eckehart zu diesem letzteren Typus, und selbst unter Menschen dieser Art ist er ungewöhnlich. Er wurde in Südindien in den Verhältnissen der besseren Mittelklasse geboren. Als er zwölf Jahre alt war, starb der Vater, und die Familie zog zu einem seiner Brüder. Im Alter von siebzehn Jahren wurde er erleuchtet und verblieb seitdem in diesem Zustand. Das Ereignis der Erleuchtung brach unvorbereitet und ungesucht plötzlich über ihn herein; er fühlte, er müsse sterben, sein Körper wurde starr, und Ramana stellte sich – wortlos – die Frage: wer stirbt? Stirbt der Körper, oder bin ich der Körper? Stirbt das Ich? Wer bin ich? Stirbt das Bewußtsein? Was ist Bewußtsein? In diesem vom Tod geprägten Erlebnis drang Ramanas untersuchendes Bewußtsein durch alle Schleier zur Quelle vor. Diese Quelle, diesen Kern nennt er das Selbst, Atman, und in diesem Bewußtsein vom unsterblichen Selbst in der Quelle des Bewußtseins verbrachte Ramana den Rest seines Lebens. Er verließ sein Heim und fand einen Wohnsitz in einer Höhle des heiligen Berges Arunachala, Tiruvannamalai; und dort blieb er. Allmählich entstand ein Ashram um seinen Wohnsitz, und er begann seine lebenslange Unterweisung.
Ein derartiges erleuchtetes oder auch nur initiiertes Ich wird sich immer dem Unterricht widmen und anderen Menschen freundlich und hilfsbereit dienen. Bassui endete sein Leben als Leiter eines Bergklosters mit tausend Schülern, die hier wohnten. Eckehart unterrichtete und beriet zahlreiche neureligiöse Frauengruppen, die sogenannten Beginen. Ramana hatte tausende von Schülern.
Was an einem solchen Prozeß der Erleuchtung erstaunt, ist das völlige Fehlen vorheriger Suche und Vorbereitung.

Man kann das Verhältnis zum höheren Bewußtsein vermutlich nicht biographisch oder kulturell erklären, obwohl das Ich es gerne so hätte. Es ist sicherlich leichter, eine progressive karmische Erklärung zu finden – oder, wie das Ich meinen würde, zu erfinden. Eckehart war in einem früheren Leben sicherlich Zenmeister gewesen; Ramana war vielleicht ein alter Vedantist – zumindest deutet seine Lehre stark darauf hin. Aber derartige Erklärungen sind postulativ und okkult; also sollte man zumindest die Forderung stellen, daß sie von den betroffenen Personen selbst kommen. Eckehart und Ramana aber geben beide keine Erklärung hierzu ab.

Ramanas Biographie ist überaus banal und uninteressant. Zwar starb sein Vater, als Ramana zwölf Jahre alt war; aber ihm blieben Mutter, Geschwister und ein Onkel als stützende und nährende Umwelt. Wir hören nichts von Schock, Therapie oder anderen Geschehnissen; nach seiner Biographie zu urteilen, die man u.a. bei Zimmer oder Osborne nachlesen kann, wurde Ramana durch des Vaters Tod weder neurotisch, noch geriet er in eine Psychose.

Man könnte aber eine Spekulation aufstellen. Menschen brauchen Zusammenhänge, sie benötigen eine lebende, organische Herkunft. Diese ist vor allem die Mutter, doch auch der Vater; des weiteren Familie, Umwelt, Gesellschaft und Kultur. Wird die Zusammengehörigkeit mit dieser Herkunft unterbrochen, so reagieren die Menschen unterschiedlich. Manche entwickeln Gefühle des Fremdseins oder werden einsam und unglücklich.

Es können etwa die Eltern oder einer von ihnen sterben, oder man mag dadurch, daß man selbst als Kind dem Tode nah war, aus dem normalen Zusammenhang gerissen werden. Wird der Zusammenhang so zerrissen, dann entsteht ein Bruch, ein Schock, ein Tod. Solche Brüche des unmittelbaren positiven Kontaktes mit Vater und Mutter, und das heißt mit dem Ursprung, werden in überaus vielen therapeutischen Verläufen bearbeitet. Das Ich erkrankt, wenn dieser positive Kontakt bedroht war: wenn er einseitig negativ oder krank war oder gar zerbrochen durch Schock, Todesnähe, Übergriffe, Krankheit oder ähnliches.

Das ist eine durchaus normale Reaktion auf einen Bruch des Zusammenhanges; und solche Brüche werden – in unserer heutigen Zeit

und in westlichen Verhältnissen – im allgemeinen durch Therapie repariert. Früher wurden derartige Schäden religiös geheilt; aber die exoterische Religiosität des Westens ist heute in der Regel zu schwach, um in einer solchen Krise tragfähig zu sein.
Eine verwandte Reaktion sind Inzestphantasien. Menschen, die unter einem Bruch des positiven Zusammenhanges mit ihrer Herkunft leiden, kompensieren den fehlenden Kontakt mit den Eltern, indem sie Vorstellungen von Inzest entwickeln; dieser ist nämlich ambivalent. Er ist verboten, ein Übergriff; aber nichtsdestoweniger ist er ein Kontakt. Die Strategie hinter einer solchen Phantasie scheint darin zu liegen, daß ein verbogener Kontakt immer noch besser ist als ein negativer oder überhaupt keiner.
Therapiebedarf und Inzestphantasien können die Reaktionen des Ich auf einen problematischen Zusammenhang mit dem eigenen Ursprung sein. Die Wurzel ist zu schwach oder krank. Das Ich vermag nicht frei zu wachsen und zu blühen.
Freuds Forschungsarbeiten über Neurosen und die Inzest–Urszene zeichnen sich durch große Klarheit aus, was den eingebildeten Inzest betrifft. Viele nach–Freud'sche Therapeuten verwechseln realen Inzest, also einen direkten sexuellen Übergriff seitens der Eltern, mit der eingebildeten Inzestproduktion des Ich; diese ist zwar nicht weniger leidvoll, aber sie ist ein Produkt der unbewußten Strategie, die das Ich benutzt, um den Kontakt mit seinem Ursprung, mit den Eltern, der Familie – dem Unbewußten –, wieder herzustellen.
In der Folge dieser Problematik des Ausgesetztseins untersuchte Rank den Archetypus des Helden. Für diesen ist typisch, daß er als Kind bedroht, ausgesetzt oder dem Tode sehr nah war; dies bildet später Impuls und Motiv für eine Konfrontation mit den Drachen und Gefahren des Unbewußten. In einer solchen Konfrontation gewinnt der Held neue Wurzeln für das Ich und die Möglichkeit der Zusammengehörigkeit mit dem Bereich des Allgemeinmenschlichen. Nach seiner Tat erhält er die Prinzessin und das halbe Königreich; das Ich kann nun wachsen und blühen.
Wenn nun ein Mensch einen derartigen Bruch erlebt und nicht so reagiert, wie wir es hier geschildert haben, so könnte stattdessen ein Fragen nach dem Ursprung ausgelöst werden – eine Suche, deren

Feuer und Intensität letztlich aus diesem Bruch stammen, sei es nun der Tod der Eltern, Schock oder Todesnähe.
In unserem dichterischen Bild wären der Tod des Vaters, als Ramana zwölf Jahre alt war, und sein Erlebnis der Todesnähe im Alter von siebzehn Jahren die Brüche, die seine Suche nach der Quelle des Bewußtseins auslösten; und sie wirkten daran mit, daß er das erleuchtete Bewußtsein fand, das sich im allgemeinen in der Unwissenheit und hinter dem Ich verbirgt.
«Verwirklichung besteht nur darin, daß man sich von der falschen Vorstellung befreit, man sei nicht verwirklicht. Nichts neues wird gefordert. Es muß bereits existieren, andernfalls wäre es nicht ewig; und nur das, was ewig ist, ist wert, erstrebt zu werden.»
Ramanas gesamte Unterweisung richtete sich also darauf, die Menschen in ihrem unterschiedlichen Suchen für eine Frage nach innen zu motivieren, eine Frage nach der Quelle der Gedanken und des Bewußtseins: Wer bin ich? Woher kommen die Gedanken? Was ist Bewußtsein, und woher kommt es?
«Abwesenheit von Gedanken bedeutet nicht Leere. Wissen und Unwissenheit beziehen sich nur auf den Sinn und bestehen in Dualität; das Selbst aber ist jenseits von ihnen. Es ist reines Licht. Es besteht keine Not, daß ein Selbst das andere sehe. Es gibt keine zwei Selbste.»
Das höhere erleuchtete Bewußtsein ist Eines; es ist ein Kontinuum. Das Ich–Bewußtsein ist isoliert, wie eine Insel von der nächsten. Das Unbewußte als der feste Grund, der sich unter dem Meer von Insel zu Insel streckt, verbindet sie alle miteinander. Das höhere erleuchtete Bewußtsein ist wie der Himmel über den Inseln. Der feste Untergrund, der alle Inseln verbindet, befindet sich im Schlaf; die Inseln im Traum. Der Himmel ist klar, unendlich und wach.
Der indische Weise Shankara behauptete immer wieder, daß die Wirklichkeit ein Traum sei, eine Illusion. Sein Freund, der Maharadscha, hatte diese Lehre immer wieder gehört und wurde verärgert. Als nun die beiden eines Tages in philosophischem Gespräch durch den Garten gingen, scheuchte der Maharajah einen wilden Elefanten auf den Weisen, der mit einer Behendigkeit, die an einem Philosophen überraschte, einen Baum erkletterte. Der Maharajah lachte und

fragte den erleuchteten Shankara spöttisch: «Ich dachte, du hieltest den Elefanten für eine Illusion? Warum fliehst du davor? – das schickt sich doch nicht für einen Philosophen!» Shankara aber gab das Lachen zurück: «Nicht war es Shankara, der floh. Daß du ihn im Baum siehst, ist eine Illusion – gerade so wie der Elefant.»

Das Feld des Bewußtseins

Im *Vigyana Bhairava Tantra* steht: «Empfinde das Bewußtsein eines jeden Menschen als dein eigenes Bewußtsein. So, indem du das Interesse für das Selbst hinter dir läßt, werde jedes Wesen.»

Krishnamurti berichtet in seinem *Notizbuch*, daß er in Indien einmal einer älteren Frau begegnete. Im Nu änderte sein Bewußtsein die Gangart, und er wurde eins mit der Bewußtheit dieser Frau. Im nächsten Augenblick war er wieder er selber.

«Seid Vorübergehende.» sagt Christus im Thomas-Evangelium.

Joshu's Zen

«Joshu begann mit dem Studium des Zen, als er sechzig Jahre alt war, und setzte es bis zu seinem achtzigsten Lebensjahr, in welchem er Zen verwirklichte, fort.
Er unterrichtete vom achtzigsten Lebensjahr, bis er das Alter von hundertzwanzig Jahren erreicht hatte.
Einst fragte ihn ein Schüler: ‹Wenn ich nichts in meinem Geist habe, was soll ich dann tun?›
Joshu antwortete: ‹Wirf es hinaus.›
‹Aber wenn ich gar nichts habe, wie kann ich es dann hinauswerfen?› fuhr der Frager fort.
‹Nun,› sagte Joshu, ‹dann trage es hinaus.›»
Auch hier: ein Schüler an der Grenze des dualen Bewußtseins.
Er hat die Leere erreicht; auch dieser Zustand ist aber, wie wir wis-

sen, noch dual: es ist hier die Leere, und es ist das Bewußtsein, das von ihr weiß.
An dieser Grenze will Joshu den Schüler erreichen, seine Ego–Isolierung brechen und durch eine bestimmte Situation das identische Feld des Bewußtseins öffnen.
Zwei Wege – ein Yang und ein Yin. Zunächst der männliche: wirf die Leere hinaus! Laß die Stille zersplittert werden; der Donnerkeil des Zeus soll sie treffen. «Wenn ein Buddha in deinem Wege steht, so schlägst du ihn nieder; wenn ein Patriarch ein Hindernis aufrichtet, so tötest du ihn; und du bist frei auf deinem Weg des Lebens und des Todes.»
Das Bewußtsein wird vor dem Satori wie nach ihm von überseligen Grenzzuständen eingefangen und verführt: von unendlicher Leere; von seliger Fülle, grenzenlosem Sein; von befreiendem Nichts. Aber noch immer gibt es zwei: das sehende Auge, der fühlende Sinn, das wissende Bewußtsein – und das gesehene, gefühlte, gewußte. Diese Zweiheit muß gebrochen werden. Das Zen verwendet oft den unerwarteten Hieb des Plötzlichen, um das höhere Bewußtsein aus seinen dualen Träumen zu reißen. Der Zenstab ist die bewußtseinszersplitternde Plötzlichkeit, mit der der Meister im Schlage den Schüler an der äußersten Grenze trifft. Nur dort kann die Vermittlung erfolgen. Der Zenstab ist der kraftübertragende Hieb, der das Ich zerschlägt, wenn es für den Tod reif ist.
Ist die Bewußtheit für ihre Quelle offen und arbeitet daran, das Zen in den Alltag einzuführen, so wird das meditierende Bewußtsein jeden plötzlichen Laut, jede Veränderung als Zenstab zu verwenden wissen – ein Husten, ein Flugzeug am Himmel, eine Autohupe, eine zuschlagende Tür, einen bellenden Hund. Ist das Bewußtsein an der Grenze und kennt seinen Weg heim, so kann alles Unerwartete als der Klöppel des Zen verwendet werden, der die Glocke des höheren Bewußtseins zum Klingen bringt. Eine mit Wasserglas gefüllte Schale braucht nichts als ein Fingerschnipsen, um zu kristallisieren. Ein wohlgeübtes Bewußtsein nach dem Satori benötigt nur das Brechen eines Zweiges, um sich im Rigpa zu kristallisieren.
Zwei Wege wies Joshu nach, einen männlichen und einen weiblichen. Trage das Nichts hinaus. Sei Wasser, fließe abwärts und werde eins

mit dem Meer. Laß Kali jeden Inhalt verschlingen. Das schwarze Loch der Quelle wird alles an sich saugen: Leere, Seligkeit, Sein und Licht. Wenn die Strahlen der Sonne einhalten, sind sie an der Grenze. Doch es ist nicht genug, vibrierend an der Grenze still zu stehen. Die Umkehr des Übergangs fehlt noch. Der männliche Aspekt der Transzendenz ist: die Strahlen in die Sonne zurückzuwenden.

In ihrem negativen Aspekt ist Kali ein schwarzer Abgrund, mit dessen Sog alles verschlungen wird und verschwindet. Die Quelle ist eine leuchtende Sonne und gleichzeitig ein schwarzes Loch. Sie ist weder–noch und sowohl–als auch.

Im dualen Grenzzustand kann das Bewußtsein sich selbst und seine Leere in der alles verzehrenden Entspannung der Quelle versinken lassen.

Das meditierende Bewußtsein nach der Illumination, das jede Minute am Zen arbeitet, wird das Yin Joshu's zu verwenden wissen.

Der Schlaf sammelt; er verschlingt das Bewußtsein, das Ich und alle Inhalte. Doch kann er zu einem Helfer werden. Hat das Bewußtsein gelernt, den Betrachter von der betrachteten Schläfrigkeit zu unterscheiden, so kann diese Schläfrigkeit dazu verwendet werden, das Licht zu verzehren. Der Schlaf schluckt das Licht, und das Bewußtsein ist frei von Licht und Schlaf.

«Wenn du einen Zenmeister auf der Straße triffst, so kannst du nicht zu ihm sprechen, und du kannst ihm nicht mit Schweigen gegenübertreten. Was willst du also tun?»

«Du selbst mußt das Gesicht des großen Bodhidharma haben, um ihn zu sehen. Ein einziger flüchtiger Blick genügt schon. Aber wenn du sagst, du seist ihm begegnet, so hast du ihn niemals gesehen.»

Das duale Bewußtsein kann dem höheren Bewußtsein nicht begegnen. Ist das Ich drinnen, so ist das höhere Bewußtsein draußen. Ist das höhere Bewußtsein drinnen, dann ist das Ich draußen.

Bodhidharma zu sehen – das ist dual. Hier bin ich in meinem gewöhnlichen Bewußtseinszustand; dort ist der angeblich erleuchtete Bodhidharma. Keine Begegnung. Nichts.

Eine Vision Bodhidharmas zu haben – das ist dual. Hier ist mein Bewußtsein, und es sieht eine leuchtende, strahlende Erscheinung: Bodhidharma, den Erleuchteten, Bodhidharma, den Zenpatriarchen.

Zwei Pole, keine Begegnung; Nähe, Grenze, aber keine Transmission. Erst wenn beide verschwinden, Ich und Bodhidharma, erst dann wird das Bewußtsein befreit. – Der salzhaltige Wind des Meeres. Der offene Himmel. Rigpa.
Das Bewußtsein kann einem Erleuchteten nicht begegnen. Was Ich treffe, ist immer ein Du. Und Du und Ich, wir sind nicht erleuchtet. Sind du und ich eins, ist das Bewußtsein erleuchtet. Zuerst der Lichtblitz der Illumination. Dann Übung und Praxis, jeden einzelnen Tag.

«Vor der Erleuchtung: Brennholz hacken und Wasser tragen.
Nach der Erleuchtung: Brennholz hacken und Wasser tragen.»

Leben

Der salzhaltige Tang des winterlichen Meeres.
Eine Wiese voller Blumen.
Liebe.
Eine reife
fallende Frucht.

Theresa von Avila

«Ich erinnere mich, daß ich knapp zwölf Jahre alt war, als meine Mutter starb. Als ich allmählich begriff, was ich verloren hatte, wandte ich mich in meiner Trauer an ein Bild Unserer Lieben Frau und bat sie unter vielen Tränen, meine Mutter zu sein.»
Viele Jahre später hatte Theresa eine Vision, die entscheidende Bedeutung für sie haben sollte: «Ich schien zu sehen, daß man mich in eine leuchtende weiße Tracht kleidete. Zunächst bemerkte ich nicht, wer mich einkleidete; dann aber sah ich, daß es Unsere Liebe Frau zu meiner Rechten und Sankt Josef zu meiner Linken waren. Ich erfuhr, daß ich von nun an von meinen Sünden gereinigt sei.»
Bevor Theresa ihr Hauptkloster gründete, sah sie in einer Vision, daß Sankt Josef das eine und Maria das andere Tor bewachen wür-

den; und über diesem Kloster, dessen Name San José sei, werde Christus leuchten und von dort sein Licht ausbreiten.

In den alten spirituellen Übungssystemen verwendete man eine lange Reihe verschiedener Techniken als Vorbereitung für den eigentlichen Prozeß der Verwandlung des Bewußtseins.

Durch Askese, Fasten, Zölibat, durch Gelübde und Einsamkeit strebte man danach, die basalen Anteile der menschlichen Natur zu durchleuchten und zu reinigen. Das Wurzelchakra provozierte und verwandelte man durch den Verzicht auf Eigentum; das Harazentrum durch sexuelle Enthaltsamkeit; und den Solarplexus durch Gehorsam. Eine weitere Folge dieser Disziplin war, daß das, was die Tiefenpsychologie das persönliche und das kollektive Unbewußte nennt, provoziert, konfrontiert und integriert werden konnte.

Im Osten hat man entsprechende Techniken verwendet: Yoga, Tantra, langjährige Einsamkeit in Berghöhlen, Wüsten und öden Wäldern.

Der spirituelle Prozeß wird vorbereitet, indem der Mensch seine eigene tiefere und wilde Natur kennenlernt.

Diese Arbeit ist für gewöhnliche Menschen wie uns immer noch eine Voraussetzung für echte meditative Praxis.

Was man in den Klosterbewegungen des Ostens und Westens tat, ist für uns Menschen des zwanzigsten und einundzwanzigsten Jahrhunderts vermutlich nicht das richtige.

Es scheint so zu sein, daß die vielfachen Therapieformen, die sich aus der tiefenpsychologischen Forschung ergeben haben, eines des besten neuzeitlichen Angebote für eine derartige vorbereitende Übungstechnik sind.

Die tiefergreifenden Therapieformen geben einem Menschen unter vielem anderem die Möglichkeit, sich mit Schock, Traumata, Geburts-, Gebärmuttererfahrungen und ähnlichen intensiven Strukturen zu konfrontieren.

Der spirituelle Nebeneffekt dieser Verfahren beruht darauf, daß das Ich, wenn es sich aufgeben soll, zunächst seine eigenen Wurzeln kennen muß. Diese Wurzeln sind archetypische Bilder, Konstellationen – etwa Vater–Mutter–Kind – und eine Reihe von grundlegenden sogenannten negativen Emotionen: Angst bis zum Entsetzen und zur

Panik; Aggression und Zorn bis zur Mordlust; Verlassenheit; Versagen; Kummer; Einsamkeit.
Die großen spirituellen Übungssysteme halfen den Menschen, dieser Reihe von Emotionen und Zuständen zu begegnen und sie zu integrieren: Rituale der Einweihung in Mysterienkulte; Schamanenreisen in Himmel und Hölle; einsame Visionen und Versuchungen in Berghöhlen und Wüsten.
In der modernen Therapie seit Freud, Jung und Reich haben sich Systeme entwickelt, durch die Energie in den therapeutischen Grundpositionen gebündelt wird.
Menschen erleben und erschaffen das Drama von Vater–Mutter–Kind. Man erfährt, daß der Ödipuskomplex, die Archetypen der Eltern, Narzißmus und Inzeststrukturen ein hohes Maß an Energie enthalten, das nur schwer zu bewältigen ist. Oder man führt wie Rank und Grof und zahlreiche neuere Körpertherapeuten derartige Erlebnisse auf die Begebenheit der Geburt zurück (beispielsweise Grofs Matrizen).
Therapeuten und ihre Klienten erleben die Wirklichkeit als tatsächlich so aussehend. Ödipuskomplex, Inzest, Geburtsmatrizen und Elternarchetypen treten auf, erfordern Aufmerksamkeit und werden in Therapieausbildungen und Therapieverläufen bearbeitet. Folglich sind sie auf einer bestimmten Ebene wirklich.
Spirituell gesehen muß man sich aber unbedingt klarmachen, daß diese überaus sinnvolle und heutzutage wohl notwendige therapeutische Arbeit der Vorbereitung und Reinigung nicht unbedingt das letzte Wort zur tieferen Funktionsweise des Menschen ist.
Möglicherweise ist der wichtigste Dynamo dieses therapeutischen und tiefenpsychologischen Dramas die Tatsache, daß wir bisher keine anderen vielleicht viel einfacheren oder zweckdienlicheren Arbeitsweisen entwickelt haben, um mit dieser emotionellen Grundskala zurecht zu kommen.
Wir wenden Schock, Ödipuskomplex und Narzißmythos als Fokus an. Ist eine Konfrontation mit den Wurzeln des Ich notwendig, so gilt es, hierfür adäquate Verfahren zu finden. Therapie und tiefenpsychologische Arbeit an der eigenen Entwicklung sind sicherlich ein System, das unserer Zeit und unserem Entwicklungsstand ange-

messen und adäquat ist. Wird aber nicht an der richtigen Perspektive festgehalten, so werden sie, spirituell gesehen, zu einem Umweg. Bisher bedienten sich die großen Mystiker und Erleuchteten einer anderen Sprache und anderer Bezugsrahmen.

Lesen wir die Autobiographien von Mystikern – etwa Sengi, Yeshe, Yogananda, Muktananda, Theresa, Rajneesh –, so sehen wir keine derartigen, sich über Jahre hinziehenden Verläufe, unter denen sich alle Energie auf Mutter, Vater, Kindheitstraumen und Schock, Ödipus und Narziß sammelt und bündelt. Selbst das fundamentale Ereignis der Geburt wird im allgemeinen auf eine ganz andere Ebene verlagert, in einer ganz anderen Sprache behandelt als der, die die modernen tiefenpsychologischen Modelle verwenden.

Das gemeinsame Thema sind vielmehr die grundlegenden Emotionen und Gefühle. Es ist, als müsse ein spiritueller Prozeß in der Regel – doch gibt es Ausnahmen, zum Beispiel Ramana Maharshi – eine Phase der Vorbereitung in Selbstkonfrontation und kraftvoller Reinigung durchleben – Haß, Liebe; Begierde, Isolation, Gewalt; Tod, Einsamkeit, Angst; Verlassenheit, Lust; Durchbruch.

Diese anscheinend fundamentalen Emotionen und Bilder sind in der Regel unvermeidlich. Ob sie nun aber als Kindheitstrauma durchgespielt werden oder als Visionen von Himmel und Hölle; ob sie sich in Matrizen der Geburt ordnen; oder ob sie als Bardozustände erscheinen – all das scheint wesentlich von anderen Faktoren bestimmt zu werden.

Das Ich–Bewußtsein scheint, wenn es sich diesen kollektiven Szenarien nähert, beträchtlichen Einfluß darauf zu haben, wie die Rollen besetzt werden und welches Drama aufgeführt wird.

In der Therapie erleben Therapeut und Klient, daß es der Schock über den allzu frühen und tragischen Tod der Mutter des Klienten ist, der zu Blockierungen beitrug und nun eine ganze Skala von Emotionen und Bildern auslöst – es kommt sogar karmischer Stoff vor. So wird es erlebt. Und folglich ist es Wirklichkeit.

Vielleicht aber ist die Energie, die das Ich in Therapeut und Klient dazu verführt, die Dramatisierungen des Traumas hervorzubringen und aufzuführen – vielleicht ist diese Energie in sich selbst nicht traumatisch.

Mag sein, daß sich das Ich mit dem gesamten psychophysischen System identifiziert hat; und nur darum werden die Wunden so tief, die Traumen so hartnäckig.
Identifiziert sich der Schauspieler auf der Bühne mit Hamlet, so muß er nach der Aufführung eine Therapie beginnen. Er hat sich mit einem überaus komplizierten Schicksal arrangiert; beim Therapeuten muß er nun bis zu den Geburtsmatrizen vordringen und später ins kompensative Karma, um «Hamlet» wieder auf die Beine zu stellen.
Therapie und tiefenpsychologische Prozesse sind heutzutage sicherlich die beste Vorbereitung zu echter bewußtseinsverwandelnder Arbeit. Sie sind daher eine Voraussetzung.
Aus spiritueller Sicht ist es aber wichtig, nicht zu vergessen, welche tragende Rolle das Ich–Bewußtsein bei diesem Prozeß spielt.
Freudianische Klienten träumen vom Inzest; Jung–Analysanden von Schatten, Anima–Animus und dem Archetypus des Weisen Alten. Reichianische Klienten produzieren den Orgasmusreflex, die Klienten des Narzißmus–Therapeuten sind narzißtisch, die eines Schocktherapeuten haben alle einen Schock erlitten. Wer zum Groftherapeuten geht, entdeckt Fixierungen auf die Matrizen. All das ist wohlbekannt. Es hat mit den Modellen zu tun, nach denen das jeweilige Ich vorgeht. Diese schaffen die Erfahrungen oder modellieren den Stoff in ihrer Form. Das Bewußtsein ist schöpferisch. Es ist weit mehr an der Erschaffung der Wirklichkeit beteiligt, als man im allgemein annimmt.
Halten wir Theresa an dem Schock über den Tod ihrer Mutter fest oder binden wir sie reduktiv an die Verschiebung des Elternbildes auf Josef und Maria, so würde sie wahrscheinlich langjährige Therapie benötigen; ob sie in diesem Fall aber wohl Mystiker geworden wäre?
Die tiefenpsychologischen Modelle beschäftigen sich nicht mit höherem Bewußtsein oder Ich–transzendenten Zuständen der Erleuchtung. Daher werden diese Modelle keinen Weg finden können, der aus dem dualen Sinn hinausführt.
Die tiefenpsychologischen und therapeutischen Modelle modellieren ihren Stoff auf eine Weise, die die Quelle verborgen hält.
Tiefenpsychologie und Therapie sind immer noch und vor allem

dual. Alle Erfahrungen, die von derartigen Prozessen mitgestaltet werden, bilden sich daher fundamental nach dualen Formen – und halten folglich am Ich als sicherem Verankerungspunkt fest.
Nun wollen wir nicht vergessen, daß Tiefenpsychologen und Therapeuten sich vor allem mit Anpassungsproblemen, Neurosen, Grenzpsychosen und anderen Problemen und Prozessen der Ich-Entwicklung befassen. Für diesen Zweck eignen sich diese Systeme hervorragend.
Es sind nicht die Therapeuten und Tiefenpsychologen selbst, die ihre Fachkompetenzen überschreiten. Da spirituell interessierten Menschen aber Verhaltensweisen aufgezeigt werden müssen, um sie mit den grundlegenden Emotionen und kollektiven Energieströmen konfrontieren zu können, suchen sie – was auch durchaus berechtigt ist – Therapeuten und Tiefenpsychologen auf, um aus deren Expertisen Nutzen zu ziehen.
In einem solchen Cocktail mischt sich daher die meditative Perspektive mit der dualen; und daraus kann Verwirrung entstehen.
Unser Einschub soll diese heute notwendige Mischung thematisieren und beleuchten.
Am Wachstumszentrum in Nørre Snede haben wir sehr interessante Pilotversuche durchgeführt, deren Ziel es war, therapeutische Expertisen mit meditativer Praxis zu verbinden. Es sieht so aus, daß sich hier eine Möglichkeit zu konstruktiver Weiterentwicklung der Zusammenarbeit von therapeutischen und meditativen Prozessen öffnen könnte.

Theresas Mutter starb, als sie selbst zwölf Jahre alt war. Später, als Theresa in das religiöse Leben eingetreten war, erkrankte sie ernsthaft. Vier Tage lang lag sie in komatösem Zustand; man hielt sie bereits für tot und legte Wachs auf ihre Lider. Doch wurde sie wieder belebt, und nach einer dreijährigen Periode der Lähmung regenerierte sich ihr System.
Später hatte sie Visionen der Hölle:
«Der Eingang erschien mir wie eine lange enge Gasse, ja fast einem tiefen, dunklen und schmalen Ofen gleich. Der Boden schien mit Wasser bedeckt, das war wie schmutziger und ekliger Schlamm, voll

von widrigem Getier. Am Ende des Ganges gab es eine Aushöhlung in der Wand wie ein Wandschrank, und hier sah ich mich eingeklemmt. All das war jedoch schön anzusehen im Vergleich zu meinen Gefühlen [...] diese Wände, die so entsetzlich aussahen, bedrängten mich, daß ich fast erstickte. Es gibt dort kein Licht, nur das dichteste Dunkel.»

Das ist eine klassische Grofsche Matrize der BPM 2. Für Theresa aber war es eine Vision der Hölle, die ihr eine überaus starke Motivation zu vertieftem Gebet und Meditation gab, um der Erlösung näherzukommen. Der Bezugsrahmen formt die Erfahrung.

Vielleicht würde eine therapeutische Erfahrung von entsprechender Intensität einen jahrelangen Prozeß der Verarbeitung mit sich führen, unter dem der Klient sein Leben und seine Charakterstruktur im Licht der zweiten Geburtsmatrize sähe. Er würde allmählich verstehen, warum sein Leben so oft in langen, unkonstruktiven Zuständen der Ausweglosigkeit und des Eingeschlossenseins festgehalten wurde und welche Rolle dieser Sachverhalt im Erleben des Sexuellen, ja der Lust überhaupt spielt. Immer wiederkehrende Prüfungsschwierigkeiten werden plötzlich begreiflich. Es folgen viele interessante Jahre des Verstehens, weiterer therapeutischer Arbeit und des Lösens von charakterlichen Knoten.

Theresas (naives) Modell dagegen veranlaßte sie, die Arbeit am Weg von dualem zu transdualem Gebrauch des Bewußtseins zu steigern.

Sind die Vorstellungen von Himmel und Hölle Symbolisierungen der tieferliegenden Wirklichkeit der Geburtsmatrizen? – oder sind die Geburtsmatrizen Symbolisierungen realer alternativer Dimensionen des Bewußtseins, die wir ebensogut Himmel und Hölle nennen können?

Die Mystiker – und die spirituellen Schulungssysteme – nehmen die Existenz eines höheren nondualen Bewußtseins an. Dieses erleuchtete Grundbewußtsein ist in allen Menschen dasselbe. Also gibt es in ein und demselben Bewußtsein eine individuelle Dimension des Ich – und eine erleuchtete Dimension der Einheit. Diese beiden konträren Dimensionen unterscheiden sich dennoch nicht absolut. Es ist offensichtlich möglich, die Grenze zwischen ihnen zu überschreiten. Ein duales Bewußtsein kann in eine nonduale Funktionsweise überwechseln.

Also gibt es einen Bereich der Interferenz, eine Zone, in der die duale Funktionsweise des Bewußtseins auf irgendeine Weise mit seiner nondualen Funktion verbunden ist. Wörter wie ‹die verborgene Quelle des Bewußtseins›, Transmission oder Gnade verweisen auf diesen Grenzbereich zwischen dem gewöhnlichen Ich–Bewußtsein und dem erleuchteten höheren Bewußtsein.

Dieses letztere transduale Bewußtsein zeichnet sich offensichtlich durch eine überwältigende Menge an Energie aus. Wie alle meditative und mystische Erfahrung bestätigt, gibt es in derartigen Zuständen des Bewußtseins unermeßlich viel Energie, Information und Leuchtkraft.

Wenn sich die Grenzzone zu öffnen beginnt, wird diese Energie allmählich mit der dualen Dimension des Ich interferieren. Erfahrungen werden produziert. Das Ich, das sich dem Grenzbereich nähert, beginnt Erlebnisse zu haben. Solche Erlebnisse setzen sich aus vielen Determinanten verschiedenster Art zusammen.

Wenn das persönliche und das kollektive Unbewußte nicht ausreichend bearbeitet sind, wird Material aus diesen dualen Schatten- oder Halbschattenbereichen das System überschwemmen – und daraus können sich Psychosen ergeben.

Eine Psychose bedeutet, daß das Ich durch unbewußte Spannungen zur Aufgabe der Kontrolle gezwungen wird. Es muß die Herrschaft abtreten.

So etwas ist das vollkommene Gegenteil zu einer mystischen Erfahrung, in der das Ich aus freiem Willen den Platz räumt und das Steuer aufgibt. Eine Psychose zwingt ein ungleichgewichtiges Ich zur Aufgabe seiner selbst – und das Unbewußte wälzt sich herein. Illumination dagegen entsteht, wenn ein ausgeglichenes Ich aus eigenem freien Willen beiseite tritt und darauf die transduale Klarheit des höheren Bewußtseins einströmt.

Wenn sich das Ich dem Grenzbereich nähert, wird das Bewußtsein für die transduale Funktionsweise geöffnet. Sobald Dualität aufgehoben wird, brechen alle Grenzen zusammen – was bedeutet, daß auch der unbewußte Teil des Bewußtseins geöffnet und bewußt gemacht wird.

Ein wirklicher transdualer Zustand ist darum zugleich eine Durchleuchtung des persönlichen und kollektiven Unbewußten.
Wenn eine illuminative nonduale Funktionsweise existierte, während das Unbewußte noch unbewußt und eingegrenzt wäre, so wäre dieses illuminative Erlebnis wohl eben nicht transdual: es gäbe immer noch Dualität; das Unbewußte und das höhere Bewußtsein.
Eben darum ist es von so großer Wichtigkeit, daß man an der tieferliegenden Persönlichkeit arbeitet, u.a. mit Hilfe von Therapie, bevor der explizit meditative Prozeß seine Wirkung entfalten kann.
Im Grenzbereich zwischen der dualen Funktionsweise des Ich und der nondualen Organisationsform des erleuchteten Bewußtseins erscheint also eine überwältigend große Energie. Diese Energie bringt in der Grenzzone – vor dem Durchbruch der Transmission – einen unendlichen Reichtum an Erfahrungen hervor, die zu einem Großteil nützlich sind; auf die Dauer münden sie aber in einen Irrweg.
Bildhaft gesprochen heißt das, daß der Grenzbereich zwischen der dualen und der nondualen Funktion des Bewußtseins eine fraktale Struktur aufweist.
In der Interferenzzone dieser beiden Bewußtseinsweisen entsteht eine Unendlichkeit von sich selbst gleichen, doch zugleich unterschiedlichen Erfahrungen, die einander in grenzenloser Vielfalt ablösen.
Hier kann die gesamte Fülle der Archetypen einströmen. Und letztlich sind – laut Jung – alle Archetypen Variationen über den einen Ur–Archetypus des Selbst. Also kann man, falls das Unbewußte kein Gleichgewicht gegenüber dem Ich aufweist, im Bereich der Grenze einen unendlichen, sich selbst gleichen archetypischen Schwall von Bildern loslassen.
Oder aber das kompensative Karma öffnet seine Unendlichkeit. Wie ein Pendel schwingt der Sinn von Existenz zu Existenz in einem sich selbst gleichbleibenden ewigen Tanz von einem Extrem ins andere, unterschiedlich je durch Zeiten und Kulturen, Orte und Konstellationen.
Oder es mögen sich in diesem Grenzbereich Kundalini–Phänomene öffnen; dann bildet sich die überwältigende Energie im ätherischen Bereich und im Spiegel des Körpers ab. Unendliche, sich selbst gleiche Verkettungen von Symptomen werden produziert, mit Strömen,

Feuer, Blasen, Farben, Wirbeln und Spiralen in einer ewigen Folge, die dem Menschen den Verstand rauben kann.

Es liegt nahe, die Vorstellung der fraktalen selbstgleichen Unendlichkeit einzubringen; doch ist das nur ein Vorschlag, nicht einmal eine Hypothese. Wir wollen nur mit neuzeitlichen Worten einen Umweg beschreiben, einen verführerischen und unendlichen Abweg im Grenzbereich zwischen der gewöhnlichen dualen Funktion von Ich und Unbewußtem und ihrer transdualen Funktionsweise.

Im Zusammenhang von Therapie und Meditation ist es wichtig, auf diese Mechanik aufmerksam zu sein. Sonst könnte der Wirklichkeit erschaffende Aspekt der therapeutischen Modelle sowohl den Therapeuten als auch seinen Klienten in eine Kette negativer Unendlichkeit selbstgleicher, scheinbar stetig tieferer Erfahrungen verstricken.

Das heißt: ist das höhere Bewußtsein – das Spirituelle – mit im Spiel, so kann die Therapie auf dem Abgrund eines therapeutischen Danaidenfasses enden. Die unendliche Energie, die aus der spirituellen Dimension kommt, strömt über die biographische Szene herein und produziert eine Unendlichkeit von Dramen, die noch nicht einmal bei der Erbsünde und Adam und Eva ihr Ende findet. Selbst dieser Ausgang wäre illusorisch – denn woher kommt die Versuchung? Warum erlaubte Gott der Schlange, Eva in Versuchung zu führen? Und der Kettentanz geht weiter.

Halte ihn an durch Gebet und Meditation: Stille, Sammlung, Leere, Transzendenz.

Genau das tat Theresa von Avila. Sie beschreibt in einem Bild den Weg des Gebetes vom gewöhnlichen Bewußtsein zur Unio Mystica; dieser Weg besteht aus vier Stufen: den vier Arten der Bewässerung. In Theresas Bild will man auf unfruchtbarer Erde, in der viel Unkraut wächst, einen Garten anlegen. Zunächst muß man daher die Erde reinigen und bearbeiten, um dann «die guten Pflanzen, die kräftigen Duft aussenden und Unseren Herrn freuen», zu setzen.

Diese Pflanzen müssen nun regelmäßig bewässert werden, wenn sie wachsen und gedeihen sollen. Gebet bedeutet, den Garten der Seele zu Gottes Ehre zu wässern. Die vier Arten des Gebetes vergleicht Theresa mit den vier Arten, Wasser zu spenden.

Man kann das Wasser mühsam aus dem Brunnen ziehen, einen Eimer nach dem anderen. Dies ist das betrachtende Gebet, in dem man sich Szenen aus dem Leben Jesu vorstellt und die Vergänglichkeit des irdischen Lebens bedenkt. Dies stimmt den Sinn auf das Höhere ein und unterstützt das Gebet.
Die zweite Art der Bewässerung ist einem Pater–Noster–Aufzugsystem vergleichbar, das wesentlich mehr Wasser aus dem Brunnen zieht. Das entspricht dem Gebet der Stille. «Man beginnt hier den Sinn zu sammeln; aber schon berührt man das übernatürliche, da man in keiner Weise nur durch eigenen Fleiß hierhin kommen kann.» Schon die Stille der Sammlung befindet sich an der Grenze des Ich und des Willens. Die Zustände dieses Bereiches sind schon von dem, mit Theresas Worten, Übernatürlichen beeinflußt, von den Gaben der Gnade Gottes.
«Die Stille und Sammlung der Seele wird deutlich fühlbar in der Zufriedenheit und dem Frieden, der sie füllt, zusammen mit einer sehr großen Freude und Ruhe ihrer Fähigkeiten und einer süßen Freude.» In dieser Sammlung und Stille gibt es eine Glut.
Es geht darum, daß die Seele frei von Lärm ist. Lärm sind die vielen Worte und Betrachtungen des Verstandes.
Die dritte, weit wirksamere Bewässerungsweise ist das Gebet des Flusses. Nun wird ein Fluß in den Garten der Seele geleitet, um Wasser zu spenden. Man merkt bei diesem Bild, daß sich starke kollektive Kräfte formieren und die Seele reinigen und wässern. «Freude, Süße und Entzücken sind unvergleichlich größer als auf der vorigen Stufe.» Es ist «ein fast völliges Absterben von allen Dingen der Welt».
Diese Art des Gebets ist ein intensiver Zustand; die Seele «weiß nicht, ob sie sprechen oder schweigen soll, ob weinen oder lachen. Es ist eine herrliche Torheit und ein himmlischer Wahnsinn, in dem man die wahre Weisheit lernt, und es ist eine vollkommen wunderbare Freude für die Seele».
Die vierte Art der Bewässerung ist der Regen. In diesem Gebet herrscht «die Vereinigung aller Fähigkeiten», und die Seele kann sich unterdessen nicht mitteilen. Anfänglich sind dies nur blitzhafte Ereignisse; doch nach langem Üben kann der Zustand länger dauern – laut

Theresa bis zu einer halben Stunde. Dies ist Hinrückung. In diesem Zustand ist alles verloren, es gibt keine Vorstellungen mehr, und «die Seele zerstört sich selbst gänzlich», um eins zu werden mit Gott.
Dieser vierte Zustand der Verzückung ist der Zustand der Erleuchtung, das Rigpa. Hier gibt es keine Visionen oder Stimmen. «Man muß wissen: sieht man Visionen oder versteht diese Worte, so ist das meiner Meinung nach nie zu einer Zeit, da die Seele in der Hinrückung vereint ist; denn dann sind alle Fähigkeiten gänzlich verloren.»
Selbst Gesichter von Heiligen, von Christus, von klarsichtigem Wissen über den geistigen Zustand anderer Menschen, selbst Visionen von den Zuständen sterbender Menschen oder von Prozessen nach dem Tod, selbst diese Dinge sind in ihrer Gesamtheit nicht Ausdruck für das höchste, das stumme Gebet in Einheit mit dem Göttlichen. Theresa hatte selbstverständlich viele Visionen, und sie sah deutlich und genau in den Bereichen der höheren und der tieferen Astralität und der spirituellen Ausstrahlungs- und Gestalt-Erscheinungen; aber in ihrer Wertung des spirituellen Status dieser Siddhi-Fähigkeiten ist sie überaus klar: es sind faszinierende Gaben der Gnade – das Ziel sind sie nicht und auch nicht das höchste. Ziel des Gebetes ist die stumme Vereinigung mit Gott in der Verzückung.

Eine der wichtigsten Techniken Theresas für die Reinigung der Seele ist das spirituelle Weinen.
Wenn Gebet und Meditation allmählich tiefer in die Prozesse des Körpers und des Geistes eingreifen, treten spontane Tränen auf. So ergeht es den meisten Menschen. Theresa aber vermochte diesen natürlichen Tränenstrom zu tiefer Katharsis und Reinigung zu verwenden. Sie gibt den Rat, man solle die Tränen strömen lassen und Offenheit und Liebe in das Weinen einbringen. Tränen des Schmerzes, Tränen der Trauer und des Leides, Tränen des Unvermögens, Tränen der Dankbarkeit. Es geht darum, «die Seele feucht zu halten». Sie darf nicht verdorren. Die feuchte Seele läßt die Gefühle und das Herz in die Stille des Gebetes einströmen. Das reinigt und heilt auf sehr grundlegender Ebene.
Die letzte Form des Weinens sind die Tränen der Verzückung, ein

Schmerz, der mit Süße gepaart ist. Hier strömen Freude und Dankbarkeit, doch auch der Schmerz über das Unvermögen, anderen Menschen helfen zu können. Die Liebe wird hier empfindsam wie eine Mohnblume, offen wie ein eben geborenes Kind; es ist ein reines und tiefes Gefühl der Liebe, das sich ausweitet und alles Lebende umfaßt, ohne an etwas festzuhalten; eine stützende Liebe, die nicht bindet; eine Liebe, die Wachstum und Freiheit bringt und der göttlichen Quelle aller Liebe entspringt.
Niemand hat je so authentisch und schön über die heilende und spirituelle Qualität des Weinens gesprochen wie Theresa von Avila – über die Tränen der erleuchteten Liebe und Freude.

Die Verwandlung des Gedächtnisses

Meditation und Gebet wirken auf das Gedächtnis ein.
Indem die Erinnerung eines Menschen seine individuelle biographische Geschichte aufrechterhält, stützt und bewahrt sie sein Ich.
Das gewöhnliche Bewußtsein glaubt, das Gedächtnis gehöre zum Ich – wie das Ich immer glaubt, daß sich alles um es drehe.
Erinnerung ist aber eine Funktion, die sich auch an das Selbst knüpfen kann; sie kann die Vorstellung des Selbst aufrechterhalten, indem sie die geschichtliche Spur des progressiven Karma durch die Jahrtausende erhält.
Wenn das Bewußtsein seine Funktionsweise von der dualen zur transdualen ändert, so hat dies Auswirkungen auf die Gedächtnisfunktion; diese verhält sich nämlich zur Vergangenheit, und die Einteilung der Zeit in Vergangenheit und Zukunft wird im nondualen Eckehart'schen Jetzt aufgehoben.
Wenn die Seele aus der Verzückung kommt, erlebt sie oft, daß «die zwei Fähigkeiten der Erinnerung und des Verstandes vollkommen verwirrt, ja fast verrückt sind».
In der Meditation wird dem Gedächtnis Energie entnommen; die Wirklichkeit ist neu, sie ist nicht mehr so, wie man sich zu erinnern pflegt. Ist das Bewußtsein befreit, so vergeht die Erinnerung in Gegenwart.

Ein Meister des Bogenschießens beschloß, Zen zu erlernen. Nach zehn Jahren des Aufenthaltes in den Bergen bei einem Meister des Zen kehrte der Bogenschütze ins Dorf zurück, sah einen Bogen und wußte nicht mehr, was das war.

«Himmlische Verrücktheit.»

Chuang Tsu's Tao

«Strebe keinen Ruhm an.
Mach keine Pläne.
Sei nicht von Tätigkeiten besessen.
Glaube nicht, daß du weißt.
Sei aller Dinge bewußt, die sind,
und ruhe im Unendlichen.
Gehe, wo es keinen Weg gibt.
Sei alles, was der Himmel dir gab,
doch handle, als hättest du nichts erhalten.
Sei leer, das ist alles.»

Taoistische Lebensweisheit, so simpel ausgedrückt, daß sie jedem einleuchtet. Das ist erleuchtete Lebensführung; Meditation, die bis in die kleinen Handlungen des Alltags hinein transparent geworden ist. Ein solches Leben ist ein Leben in höherem Bewußtsein, ein Leben aus ihm und durch es.
«Strebe keinen Ruhm an.»
Eben den aber sucht das Ich. Es braucht Erfolg. Es muß und will Glück haben. In seinem innersten Verständnis seiner selbst ist es das Zentrum der Welt, die Nabe, um die sich ihre Geschichte dreht. Belauscht man das eigene Ich oder auch das anderer, so wird man feststellen, daß seine Gedanken und Gefühle sich mit sich selber beschäftigen. Es lebt davon, die Hauptperson seiner selbst zu sein. Selbst jemand, der für die Welt die unbedeutendste Nebenperson ist, ist für sich selbst Hauptperson. Gerade das macht den Egoismus so pathetisch. Daran ist etwas schönes – und zugleich etwas leicht

komisches. Und in gewissem Sinn hat das Ich obendrein recht: jeder Mensch ist eine Manifestation des einen göttlichen Bewußtseins. Aber die Göttlichkeit eines einzelnen Menschen sieht nun einmal ganz anders aus als das Ich es sich vorstellt.

Wie soll man nun nach dem Rat des Taoismus leben, also weder Erfolg noch Ruhm suchen?

Sollte jemand verrückt genug sein, sich in dieser Technik zu versuchen, so könnte er an zwei sehr ungleichen Enden des Spektrums ansetzen.

Die eine Möglichkeit wäre, von Anfang an den Drang nach Erfolg und Berühmtheit abzutöten. Das Ich könnte sich, sobald es den Kinderschuhen entwachsen ist, daran machen, seinen eigenen Entfaltungsinstinkt abzutöten. Das ist der Weg der Askese. Man geht mit zwölf Jahren ins Kloster, lebt unter brennender Sonne, leidet und verzichtet und wird im Tapas (östl. Analogie zur Askese) der Entbehrungen geläutert und durchglüht.

Im Lauf der Zeit haben Millionen von Menschen diesen Weg zu gehen versucht; Mönche und Nonnen des Westens, Bramacharis und Sannyasins im Osten. Einige wenige haben sich durch die Drangsale durchgeschlagen und in höheren Zuständen des Bewußtseins Frieden für Seele und Sinn gefunden.

Die andere Möglichkeit ist, in der Mitte oder gegen Ende des Lebens allmählich den Drang des Ich nach Ruhm, Karriere, Erfolg und Zentrum loszulassen.

Ist das Ich zur Genüge gesättigt in der Entfaltung seines Lebens, und fühlt es vielleicht immer noch ein Echo der idealen Sehnsüchte der Jugendzeit, so kann eine neue Übungspraxis ihren Anfang nehmen: frei von Zwängen zu leben, allmählich Streß und Gehetztheit abzulegen.

Nichts für den eigenen Ruhm zu tun. Einfach nur zu leben. Gegenwärtig zu sein.

In dem einen Extrem liegt der Weg von Yoga und Askese; im anderen der tantrische Weg. Beide enden an der gleichen taoistischen Stelle: nicht den Ruhm zu suchen.

Das Ich durch seine Verneinung transzendieren.

Das Ich durch seine Hinnahme transzendieren.

«Mach keine Pläne.»
Aber das Ich lebt und atmet ja gerade für Pläne: Pläne für morgen; konstruktive Pläne; Ferienpläne; Arbeitspläne usw. Die gesamte Kalenderindustrie lebt von der Notwendigkeit unserer Vorausplanung.
Es klingt so leicht: mach keine Pläne – «Seht auf die Vögel des Himmels! Sie säen nicht, sie ernten nicht, sie sammeln nicht in die Scheunen [...] betrachtet die Lilien des Feldes, wie sie wachsen! sie arbeiten nicht und spinnen nicht, und doch sage ich euch: Selbst Salomon in all seiner Pracht war nicht gekleidet wie eine von ihnen.»
Dieser Rat, so einfach er ist, ist verhängnisvoll für das Ich: es wird aufgehoben, wenn man ihm folgt.
Unser gesamtes System von Trieben projiziert sich selbst planend in die Zukunft. Die Libido strömt in Projekte. Die Existenz als solche treibt uns, so sieht es aus, in Plänen und Zukunft vorwärts und nach außen.
Das Ich hat große Sorgen, wenn keine Pläne gemacht werden. Es langweilt sich – oder aber es probt den Aufstand, wird ungeduldig und zornig: was hat das für einen Sinn? Der Sinn liegt doch wohl in Plänen, er lockt – soweit das Ich sehen kann – in der Zukunft. Das Glück liegt hinter der nächsten Ecke. Nur noch ein bißchen, und dann ...!
Es klingt so leicht, wenn Chuang Tsu und Jesus sagen, man solle sich nicht sorgen und keine Pläne machen. Nur ein Verrückter aber versucht so zu leben. Jesus fügt sogar noch hinzu: «Sucht zuerst das Reich Gottes.» Und dieses Reich ist das Jetzt; die Transzendenz des Ich, das erleuchtete Bewußtsein.
Man könnte einmal versuchen, auch nur für einen Ferientag keine Pläne zu entwerfen. Man versuche das nur einen Tag lang und schaue sich an, was geschehen wird. Keine Pläne, ins Wasser zu gehen. Keine Pläne, Polo zu spielen. Keine Pläne für ein kühles Bier. Keine Essenspläne! Mache keine Pläne. «Sei nicht von Tätigkeit besessen.»
Bedeutet das nun, daß es überhaupt nichts mehr zu tun gäbe? Soll man wie die Lilie im Gras werden, die nur in Offenheit für Gott da-

steht? Oder bedeutet es, daß es zwar Handlungen und Tätigkeiten gibt – es aber entscheidend ist, daß das Von–ihnen–Besessensein aufgehört hat?
Was aber ist damit gemeint, daß die Besessenheit aufgehört hat? Führt man seine Tätigkeiten uninteressiert und mechanisch aus, wie ein Roboter? Meint Chuang Tsu, daß wir zu einem göttlichen Automaten werden sollen? Oder ist der Schlaf die Tatsache, daß das Ich sich im allgemeinen in seine Handlungen verliert? Denn das tut es ja – es ist eins mit ihnen. Es muß wohl diese Selbstvergessenheit sein, die das Angriffsziel der Weisen ist. Sie muß beendet werden. Man muß sich seiner selbst bewußt sein, während man handelt – man muß in seinen Tätigkeiten erwachen und nicht mit dem, was man tut, eins sein.
Das ist in gewissem Sinn die Zustandsform, in der sich ein kleines Kind, fast noch ein Säugling, befindet; es sucht keinen Ruhm, macht keine Pläne – dazu ist es gar nicht imstande –, es ist nicht von seinen Handlungen besessen. Es strampelt frank und frei in der Luft umher, offen und vertrauensvoll. Reine Spontaneität. Aber so ein neugeborenes Kind ist vorbewußt, ist in einem prä–Ego–haften Zustand. Der Weise ist trans–Ego, trans–bewußt.
Der Weise und der Säugling gleichen einander in manchem. Aber der eine ist prä, der andere trans. Der Säugling ist prä–rational, prä–sprachlich, prä–logisch, prä–Ego; der Weise trans–Ego, trans–logisch, trans–sprachlich, trans–rational.
Ken Wilber hat in seinem Buch *Halbzeit der Evolution* nachgewiesen, daß die bisherigen Paradigmen der Psychologie und Naturwissenschaft häufig Prä- und Trans–Zustände durcheinandergebracht haben. Freud zum Beispiel reduzierte Trans–Zustände zu Prä–haften. Mystische, religiöse und spirituelle Verhältnisse gleichen in seinem alten, in diesem Punkt nicht differenzierten Weltbild primitiven und unbewußten Verhältnissen; und das veranlaßte Freud zu der erwähnten Reduzierung.
Jung reagierte darauf, indem er den entgegengesetzten Fehler machte: er schrieb der unbewußten Prä–Psyche trans–artige Eigenschaften zu. Das Selbst – das hochentwickelten transegoistischen und transpersonalen Schichten angehört – wurde (laut Wilber) von Jung

mit der primitiven prärationalen und prämentalen Ebene des kollektiven Unbewußten vermischt.
Es ist von entscheidender Wichtigkeit, Prä–Zustände, die primitive Vorformen sind, von Trans–Zuständen zu unterscheiden, die hochentwickelte Formen jenseits des allgemein verwirklichten Standards sind.

Chuang Tsu beschreibt den erleuchteten Zustand des Bewußtseins und die Lebensart, die ihm in unserer Sprache entspricht.
Will man in Gottes Reich eingehen, muß man wieder wie ein Kind werden. *Wie* ein Kind. Man soll vermutlich nicht danach streben, in die vorerwachsene Psyche und das Bewußtsein eines Kindes zurückzukehren. Das Reich Gottes ist der transduale Zustand, und der erinnert in manchem an den prädualen Zustand eines Kindes. Letzterer ist, wie alles präduale, unbewußt. Das Unbewußte ist auf dem Weg in die Dualität; es ist noch nicht dual. Das Transduale ist höher-bewußt, es ist jenseits des Ich.
In den alten Klosterregeln, deren Urform Benedikt entwickelte, werden die drei grundlegenden Klostergelübde formuliert: kein Eigentum, keine Sexualität, Gehorsam.
Diese drei Punkte sind die Grundsäulen des Ich: das Wurzelchakra mit seinem Eigentumsdrang; das Harachakra mit Lust und Sexualität; der Solarplexus mit Machtbegehren und Mitbestimmung. Die Klostergelübde hungern das Ich aus, indem sie seine drei Wurzeln verkümmern lassen. Das ist die Strategie der Selbstverleugnung.
Der tantrische Weg der Akzeptierung versucht auf gütliche Weise dasselbe Ziel zu erreichen. Er will den Besitzerdrang sättigen – und dann alles Eigentum loslassen; die Lust auf sexuelle Erfüllung befriedigen – und sie dann verwandeln und freigeben; es dem Solarplexus recht machen – und ihn dann umformen und nicht mehr an ihm festhalten.
Auch die Klostergelübde streben eine Verwandlung an. All die Energie, die horizontal in Materialität, Sexualität und Macht verbraucht wird, wird gehalten und einwärts und aufwärts gewendet, dem Göttlichen entgegen.
Was Chuang Tsu mit seinem einfachen, aber fatalen Rat treffen will,

sind eben die drei Grundsäulen des Ich:
Suche keinen Ruhm – u.a. Solarplexus.
Mach keine Pläne – u.a. Trieb und Lust im Hara.
Sei nicht besessen von Tätigkeiten – u.a. Aktivitäten des Wurzelchakras.

«Glaube nicht, daß du weißt.»
Das Ich aber weiß, und es denkt. Und nun geht es offenbar darum, von der Vorstellung abzurücken, daß man wisse. Wissen ist diskursiv; Denken dual. Der meditative Zustand ist keines von beidem. Meditation ist weder Wissen noch Denken in der dem Ich bekannten Bedeutung.

Chuang Tsu stellt zunächst vier Thesen darüber auf, was man nicht tun soll. Nach diesen vier negativen folgen vier positive Anweisungen.
«Sei aller Dinge bewußt, die sind, und ruhe im Unendlichen.»
Dieses Bewußtsein von allem, was ist, macht keine Pläne; strebt keine Ergebnisse an; ist nicht mit seinem Gegenstand identifiziert; dieses reine Bewußtsein aller Dinge, die da sind, denkt nicht; ist nicht wissensgefüllt. Es ist «wie ein Spiegel, es greift nichts, erwartet nichts, es spiegelt, hält aber nicht fest».
Und dieses reine und zarte Bewußtsein ruht in der Unendlichkeit. Es ist frei und ungebunden. Es ist im Rigpa.

«Gehe, wo es keinen Weg gibt.»
Ein nicht-duales Bewußtsein wandert immer dort, wo es noch nie vorher ging. Im gleichen Augenblick, da es an einem Ort ist, den es früher schon betrat, ist es geformt. Geht es auf bekannten Pfaden, so ist das Land vermessen; es ist erforscht, seine Koordinaten sind bekannt. Gerade das aber ist charakteristisch für das duale Bewußtsein – es folgt wohlbekannten Fährten, denkt altbekannte Gedanken. Wenn ein Gedanke oder eine Vorstellung das erste Mal auftauchen, so sind sie neu und kreativ. Sie entstammen dem Bereich auf der Grenze zum immer neuen und immer schöpferischen höheren Bewußtsein. Als der Mensch zum ersten Mal eine Gabel für seine Zwecke nutzte,

war das schöpferisch. Als zum ersten Mal die Vision des Rades in seinem Bewußtsein aufblitzte, kam sie aus der kreativen Schicht des Grenzbereiches.

Wenn das höhere Bewußtsein über die Grenze in das gewöhnliche Bewußtsein einbricht, so erschafft es Wirklichkeit.

Das erste Ich auf Erden befand sich im Gegensatz zu allen Ich–losen Stammesbrüdern im Zustand des höheren Bewußtseins. Es war unmittelbar Ausdruck für diesen Zustand. Und letztlich und in der Verborgenheit der Quelle ist jedes Ich noch heute Ausdruck höheren Bewußtseins. Das hat es aber vergessen und ist daher nicht mehr ekstatisch.

Das Selbst ist noch jung und wird daher noch ekstatisch erlebt. Wenn es einmal eine allgemeine Eigenschaft geworden ist, so wird der Horizont sich auf die nächste Ebene der Evolution verschieben. Noch aber ist der Zustand des Selbst höher als der des Ich; das Ich höher als das Unbewußte; und das Unbewußte höher als der todgleiche Schlaf der Materie.

Dort zu gehen, wo es keinen Weg gibt, ist eine meditative Technik. Das Bewußtsein verläßt alles Bekannte, Gesehene, Gedachte. Es verläßt alles, was es erlebt hat, ist auf jungfräulichem Schnee, kennt keine Spuren und keine Wegzeichen.

«Sei alles, was der Himmel dir gab, doch handle, als hättest du nichts erhalten.» Chuang Tsu lebte im China des vierten Jahrhunderts vor Christi Geburt. Er war Schüler Lao Tsu's, wie Paulus ein Schüler Christi war. Lao Tsu lebte vermutlich ungefähr gleichzeitig mit Buddha und hatte seine Blütezeit um 600 vor Christus.

Lao Tsu hat den Zustand des Bewußtseins, aus dem heraus Chuang Tsu schreibt und den er beschreibt, auf folgende Weise charakterisiert:

«Im Versuch, etwas zu lernen, wird täglich etwas erworben.
Im Versuch des Tao wird täglich etwas verloren.

Weniger und weniger wird getan,
bis Nicht–Tun erlangt ist.

Wenn nichts getan ist,
ist nichts ungetan.»
...

«Der Weise hat nicht seinen eigenen Sinn.
Er ist auf die Bedürfnisse anderer aufmerksam.»

Der Sinn des Ich ist Planung. Das Ich besteht aus Gedanken und Handlungen. Es ist das Zentrum seiner eigenen Welt. Tao ist, wenn das Ich nicht ist. Tao ist nicht vor dem Ich, sondern nach ihm. Es ist das höhere Bewußtsein; das Reich Gottes. Im Tao zu sein bedeutet, im Rigpa zu sein. Es bedeutet Freiheit, Ichlosigkeit, Gegenwart.

«Sei leer, das ist alles.»
Nicht leer und absurd. Die Leere des Tao ist nicht Camus' absurde Leere oder Sartres Nichtsheit – le néant.
Diese Leere ist auch nicht ein schlaffer Zustand, unter dem alle lebendigen Gedanken abgetötet sind und das Bewußtsein daher dumm ist.
Die hier gemeinte Leere ist nicht die Leere des Schlafes oder der Schläfrigkeit; sie ist wach, lebendig, schöpferisch.
All die Energie, die im gewöhnlichen Bewußtsein in Gedanken pulsiert, vibriert in der nicht denkenden Leere des höheren Bewußtseins. Das Leben, welches in den Bildern und Projekten des Ich glüht, leuchtet im bildfreien und projektfreien Zustand des höheren Bewußtseins. Das Feuer, das im Begehren und den Emotionen des Ich brennt, strahlt in der Begierdelosigkeit der Leere. Tao ist etwas für reife Menschen. Das Ich muß sich selbst und das Leben kennen. Dieses Leben muß erforscht und gelebt sein, bevor die Lebensweisheit des Tao angewendet werden kann. Warum sollte man etwas loslassen, das man noch gar nicht gehabt hat? Erst kommt das Ich und sein Leben; dann das höhere Bewußtsein und das göttliche Leben. Sei leer, das ist alles.

Der Lebensstrom

Für das Ich ist das Leben ein Strom,
dessen Ursprung verborgen ist
und dessen Mündung Tod heißt.
Für das höhere Bewußtsein
ist die Quelle erkannt
und mündet im Meer.
Quelle, Strom und Meer
sind Formen desselben
klaren Wassers.
Quelle, Ich und Tod
sind verschiedene Formen
desselben
erleuchteten Bewußtseins.

Prajna Paramita

Prajna bedeutet Weisheit. Es ist ein Wort weiblichen Geschlechts, wie die Sophia der Gnostiker und die Chochma der Kabbalah. Paramita setzt sich zusammen aus *param*, jenseits, und *ita*, die, welche gegangen ist. *Paramita*: die, welche jenseits ging. *Prajna paramita*: Weisheit, die ins Jenseits ging, transzendente Weisheit. Prajnaparamita ist also die Weisheit des höheren Bewußtseins, die Weisheit der Buddhanatur. Und «Buddhanatur ist Nondualität». Prajnaparamita ist die Bezeichnung für eine Sammlung von Hauptschriften des Mahayana–Buddhismus, die aus etwa 21 Schriftgruppen besteht, die sich auf hundert Bände von je etwa tausend Seiten verteilen. Es gibt nun eine Reihe von Essenzen aus diesem mächtigen Schriftenkonvolut des ersten bis sechsten Jahrhunderts. Kurze kristallklare Texte, die eine Quintessenz meditativer Weisheit enthalten. Sie sind leuchtende Widerklänge des höheren Bewußtseins. Das Herz–Sutra und das Diamantsutra sind solche Texte, die wie das Nordlicht am Himmel der mystischen Literatur strahlen.

Im Prajnaparamita Hridaya Sutra – dem Herz–Sutra – aus dem vierten Jahrhundert heißt es:

«Von hier an, o Sariputra, ist Form Leere und Leere in sich selbst Form.
Leere unterscheidet sich nicht von Form,
Form unterscheidet sich nicht von Leere.
Alles, was Form ist – ist Leere.
Alles, was Leere ist – ist Form.
Dasselbe gilt für: Gefühle, Beobachtungen, Impulse und Bewußtsein.»

Form ist die eine Seite des Bewußtseins, Leere seine andere. Das Ich ist die formale Seite des Bewußtseins. Für die formale Funktion des Bewußtseins ist alles geformt; die Welt besteht aus Formen, aus Gestalten, aus Phänomenen. Das Bewußtsein kann in Form verfallen und wird dann in der Vorstellung eines Ich festgehalten, das von allen anderen Ichs und von allen Dingen getrennt ist. Oder es kann in Leere verfallen, es kann durch die Leere ekstatisch und trunken werden.
Es gibt drei Zustände, drei Stufen. Der erste Zustand ist das gewöhnliche Bewußtsein mit seinen Inhalten; die Welt und Wirklichkeit des Ich.
Der nächste ist die Grenze: das gewöhnliche Bewußtsein und Leere. Keine Gedanken, keine Gefühle; keine Bilder; kein Inhalt überhaupt. Dieser Zustand ist berauschend, angefüllt mit Seligkeit und Licht.
Der dritte Zustand ist weder gewöhnliches Bewußtsein noch Leere. Ich und Leere verschwinden beide, und sie verschwinden gleichzeitig. Diese Pole werden im Nu transzendiert. Kein Subjekt, kein Objekt. Betrachter und Leere vergehen in Nondualität. Wenn die Leere und der Betrachter dieser Leere beide verschwinden, ohne daß das Bewußtsein in diesem Augenblick in den Schlaf mitgeht, dann ist dieses Bewußtsein qualitativ verwandelt in transzendentale Weisheit.

Im vierten Punkt des Herz–Sutra steht:

«Es gibt keine Unwissenheit, keine Vernichtung der Unwissenheit [...] Es gibt keine Erkenntnis, kein Erreichen, kein Nicht–Erreichen.»
Es hatte jemand während der Nacht einen Alptraum. Sie träumte, sie habe ihren Namen vergessen. Im Traum suchte sie verzweifelt, fragte alle, denen sie begegnete, versuchte sich zu erinnern – alles vergeblich, sie hatte vergessen, wie sie hieß. Dann erwachte sie und wußte; sie erinnerte sich ihres Namens, ihrer Identität.
Welt und Wirklichkeit des Ich sind real. Wenn das Bewußtsein dual funktioniert, so sind sie dual. Ein Ich lebt und muß sterben. Es ist vom Du unterschieden. Beide können einander begegnen, einander lieben, zueinander gehören. Doch sind und bleiben sie zwei. Dies ist für das Ich absolut wirklich. Vom Standpunkt des transzendentalen Bewußtseins aus gesehen ist das aber nur ein Aspekt. Und wird dieser eine entscheidende Aspekt zur Wirklichkeit in ihrer Gänze gemacht, so gleicht – vom Standpunkt des höheren Gesichtspunktes aus gesehen – eine solche Wirklichkeit in ihrer Begrenztheit einem Traum.

«‹Kosmos› ist nur eine Redeweise.
Subhuti, Worte können die wahre Natur des Kosmos nicht beschreiben.»

«Ego ist nicht von Nicht–Ego unterschieden.»

«Ich muß alle lebenden Wesen befreien; wenn aber alle befreit sind, ist in Wahrheit nicht einer befreit worden. Warum? Wenn ein Bodhisattva die Idee einer Ich–Identität, einer Persönlichkeit, eines Wesens oder einer sich unterscheidenden Identität hätschelt, so ist er infolgedessen eben nicht ein Bodhisattva, o Subhuti!»

Sieht man an der Sonne vorbei, so gibt es einen gewaltigen Unterschied zwischen der Flamme einer Kerze und einer Höhensonne. Werden Flamme und Höhensonne aber nahe an die Sonne herangebracht, so verschwindet dieser Unterschied.

Unterschiede entstehen und erlangen Wirklichkeit, indem das Bewußtsein eingegrenzt wird. Das Bewußtsein als solches ist ohne Grenzen. Das gewöhnliche Bewußtsein hat seine eigene Unendlichkeit vergessen. Fällt das erleuchtete Bewußtsein in Schlaf, so träumt es das Ich. Das Ich ist das Bewußtsein, das mit sich selber Verstekken spielt.

Im Buddhismus legt man großen Wert darauf, die kurzen kristallklaren Texte des Prajnaparamita auswendig zu lernen und über sie zu meditieren. Es geht darum, sie bis ins Blut zu bringen, in Kern und Mark der Zellen. Gelingt es einem Meditierenden, sich einen solchen Bewußtseinskristall so anzueignen, daß er bis in die Chromosome hinein arbeitet, dann wird das Bewußtsein sich in einem späteren Leben, einem späteren Traum dieses Kristallkeimes erinnern; und von diesem Punkt aus kann das nonduale höhere Bewußtsein erwachen und sich entwickeln.

Hui Neng (638-713), der sechste Patriarch nach Bodhidharma, erwachte, als er hörte, wie jemand das Diamantsutra vor einem Laden rezitierte. Er war Analphabet, ein einfacher, ungebildeter Mann. Aber die Worte trafen und ergriffen ihn. Augenblicklich war er wach und verstand. Er fragte nach dem Text und woher der Rezitierende kam. Und schließlich endete Hui Nengs Suche beim fünften Patriarch, in der Küche beim Reis, unter tausend Mönchen.

Im Traum des progressiven Karma bedeutete dies, daß Hui Neng sich an sein früheres Traumleben erinnerte, in dem er das Diamantsutra meditativ auswendig gelernt hatte. Er fand einen Lehrer, einen Erwachten; er empfing die Transmission und wurde der Nachfolger des fünften Patriarchen.

Arbeitet man mit Kindern und mit deren Träumen, so wird man feststellen, daß sie es leicht lernen, Einfluß auf diese auszuüben. Dazu sind sie natürlich imstande, weil sie noch nicht gelernt haben, daß man das nicht kann. So hatte zum Beispiel ein Junge mehrere Alpträume, in denen er von einem Wolf verfolgt wurde. Er erwachte schweißgebadet und in Tränen. Als man ihm sagte, daß der Wolf ein Anliegen habe, daß er ihm etwas mitteilen oder zeigen wolle, verstand der Junge: im nächsten Traume solle er sich während des Alptraums an den Wolf wenden und ihn fragen, was er denn wolle.

Beim nächsten Mal dachte er daran und wendete sich um; und der Wolf verwandelte sich in einen schwanzwedelnden Hund.
Das progressive Karma kann ebenso wirklich sein wie die Weltauffassung des Ich. In den Träumen vom progressiven Karma kann mehr Luzidität, mehr Durchsichtigkeit sein als in denen des Ich. Dieses Karma ist auch eine pädagogische Strategie, die dazu beiträgt, daß das Ich sich an seine progressive Natur erinnert. Im Rigpa gibt es keine Träume, weder solche vom Ich noch solche über das Karma.
«Belasse deinen Sinn in einem Zustand der unbegrenzten Leere, doch binde keine Idee der ‹Leere› daran. Laß ihn frei wirken. Ob du nun aktiv oder in Ruhe bist, laß deinen Sinn nirgendwo Bleibe finden. Vergiß den Unterschied zwischen einem Weisen und einem gewöhnlichen Menschen. Mißachte die Unterscheidung von Subjekt und Objekt. Lasse die Essenz des Sinnes und aller Erscheinungsobjekte in einem Zustand des So-Seins. Dann wirst du andauernd im Samadhi sein.»

Meditation

Die Sehkraft des Bewußtseins selbst,
nach innen gewendet,
in sich selbst,

versteht:

Es ist dasselbe Herz,
das im Innersten
aller Liebe
schlägt.

Meditation ist Liebe.

Tauler (1300-1361)

«[...] soll der Mensch ein Einkehren haben, ein Hineinsinken und Hineinschmelzen in das lautere, göttliche, einfältige, inwendige Gut, wo das edle, inwendige Fünklein ein gleiches Zurücktragen und gleiches Zurückfließen in seinem Ursprung, dem es entflossen ist, hat.»
Tauler beschreibt immer wieder die Bewegung des Bewußtseins in seine Quelle zurück. Ihm selbst war diese Quelle bekannt; seinen Zuhörern und Lesern ist sie im allgemeinen verborgen.
Die Bewegung formt sich hier in zwei Rhythmen.
Zunächst gibt es eine Innenwendung, ein Sinken und Einwärts-Schmelzen, um das reine, göttliche, einfältige Gute zu erlangen.
Selbst dieser Zustand hat eine Glut. Diese Glut, die Theresas kleiner Glut entspricht, fließt entsprechend in den Ursprung zurück, aus dem sie floß.
Zuerst ist die zerstreute Energie der Seele in einem Licht zu sammeln, in einer Glut. In allen Wörtern und Bildern, in allen Gefühlen und Stimmungen ist Energie und Licht. Zunächst einmal muß diese Zerstreutheit nach innen in einem einzigen Licht, nur einer Glut vereinigt werden. Dieser Zustand der Stille, Sammlung und Glut ist nun aber noch immer nicht die Quelle – er ist abhängig, er ist einem tieferliegenden Urgrund entsprungen. Das Bewußtsein sinkt in den Abgrund der Glut und wird eins mit seiner Quelle, die Gott ist.
«Also versinkt der Geist in Gott in göttlicher Einheit, so daß Er da allen Unterschied verliert, und alles was Ihn dahin gebracht hat, das verliert da seinen Namen, wie Demut und Gesinnung und er Selbst, und es entsteht eine lautere, stille heimliche Einheit ohne jeden Unterschied.»
Hier fällt Licht auf eine neue Seite des meditativen Prozesses. Tauler beschreibt sehr eindrücklich, wie zwei Dinge verlorengehen: die Unterschiede – und die Namen all der Dinge und Umstände, die dazu beigetragen haben, daß man bis hierher kam.
Vor der Einheit mit der Quelle gibt es einen Unterschied, einen großen Unterschied, zwischen einem In–ihr–Sein und einem Nicht–in–ihr-Sein. In der Quelle aber verliert sich dieser Unterschied. Die

Energie, die ihn erhielt, wird mit dem Zustand eins. Zunächst gab es zwei Zustände, von denen der eine dem anderen vorausging. Der Zustand außerhalb der Quelle ist weniger anziehend, weniger hoch oder tief. Danach der attraktive Zustand innerhalb der Quelle. Dieser Unterschied kostet wie alle Unterschiede Energie. Und folglich unterscheidet, trennt und zerstreut er das Bewußtsein.

Wird die Quelle erreicht, so endet der Unterschied zwischen den beiden Zuständen; das Ich sammelt sich um Eines, und die Energie ist ganz und frei.

Zweierlei Dinge verlieren sich: Unterschiede und Namen für den Prozeß.

Zum Beispiel fördern Demut und die rechte Einstellung das Gebet. Auch der Betende selbst trägt zur Hilfe bei. Kommt aber der Augenblick des Loslassens, in dem alles wie eine Einheit in den Abgrund sinkt, dann verlieren sich alle Namen der Hilfsmittel für das Gebet. Die Energie, die im Namen und in der Form der Demut war, vereint sich mit der Energie der Namen und Formen, die den Betenden selbst ausmachten. Die Energie, die in Gottes Namen und Form gelegt ist – als unterschiedlich von dem, der betet – wird mit dem Sturz des Gebetes in den Abgrund vereint.

«In dem Abgrund verliert sich der Geist so tief und in so grundloser Weise, daß er von sich selbst nichts weiß, er kennt da weder Wort noch Weise, weder Schmecken noch Fühlen, Erkennen noch Lieben, denn es ist Alles ein lauterer bloßer, einfältiger Gott, ein unaussprechlicher Abgrund, ein Sein, ein Geist.»

Die Quelle ist ein Abgrund.

Sobald das Bewußtsein einen Fixpunkt hat, ist die Quelle verborgen. Wörter, Bilder, Zustände, Gefühle sind Haltepunkte und Stütze für das Bewußtsein; dadurch wird sein Abgrund verhüllt. Alle Bezüge und Koordinaten ergeben Struktur, Ordnung, Grenzen und Orientierung. Struktur gibt Identität; Ordnung Sicherheit; Grenzen Widerstand; und Orientierung Richtung und Unterschied.

Im Abgrund gibt es keinen Halt. Darum fühlt das Bewußtsein Angst, wenn es sich der unendlichen Tiefe der Quelle nähert.

Nur ein entfaltetes, gereiftes, gesättigtes Ich wagt Stütze und Halt aufzugeben. Nur ein ausgeglichener, gesammelter Sinn wagt Rich-

tung und Orientierung aufzugeben. Nur in der Stille wagen es die Menschen, jede Haltung aufzugeben und sich mit dem Unbekannten zu konfrontieren. Diese Begegnung ist der Abgrund, die Transzendenz des Ich. Es ist einsam am Rande des Abgrundes. Dieses Alleinsein beschreibt Tauler immer wieder.
«Diese Einsamkeit besteht darin, daß der Mensch nicht allein alle auswendige Mannigfaltigkeit verlassen hat, sondern auch die inwendige Mannigfaltigkeit der inneren Kräfte.»
Aus diesem Grenzzustand erfolgt der Fall in den Abgrund. Und in einem solchen freiwilligen Sturz tritt die Vereinigung mit dem Göttlichen ein.
Wenn die Mystiker den Weg zur göttlichen Freiheit weisen, so sind sie sich bewußt, daß der menschliche Sinn in positive und negative Zustände und Strategien eingebunden ist.
Sich an Frieden und Stille als erstrebenswerte Zustände zu binden – das ist ebenso begrenzend und damit dual für das Bewußtsein wie von Sünde und Schuld gemartert und festgehalten zu sein. Alles muß verlassen werden, alle Identifikatoren müssen fallen. Ob man nun in Jubilatio selig oder in Sündigkeit verdammt ist – beides ist dual. Der Betrachter unterscheidet sich von dem Betrachteten. Sobald das Bewußtsein dual ist, ist es eo ipso von Gott getrennt.
Meister Eckehart sagt es klar und deutlich:
«In jedem Werk, auch im Bösen, im Übel der Strafe ebensosehr wie im Übel der Schuld, offenbart sich und erstrahlt gleichermaßen Gottes Herrlichkeit.»
Für das Ich steht Gott dem Teufel gegenüber, und so muß es sein. Für die christliche Mystik aber ist alles Eines, und diese Einheit ist göttlich.

Die Verwandlung des Gefühls

Wenn das Bewußtsein von der Getrenntheit im Ich überwechselt zur Einheit im höheren Bewußtsein, so wird Gefühl in Mitgefühl umgewandelt.

Das Mitgefühl der Liebe ist der Ausdruck höheren Bewußtseins.

Milarepa's Rigpa

«Weißt du, ehrwürdiger Mönch,
wie du deinen Sinn zur Ruhe bringst?
Das Geheimnis ist, loszulassen –
sich nicht zu bemühen, nichts zu tun,
den Sinn in Wohlbefinden ruhen zu lassen.
Wie ein Kind, das ruhig schläft,
oder wie der stille wellenlose Ozean ...
Ruhe also in Erleuchtung.»

Milarepa, der Erleuchtete; Tibets heiliger Yogi, der hoch in den Höhlen des Himalaya lebte, unter schneeweißen Gipfeln und blauen Himmeln. Milarepa, dessen Lehrer der erleuchtete Marpa war, Schüler des erleuchteten Naropa, der vom erleuchteten Tilopa gelernt hatte, dessen Lehrer das blauweiße goldene Meisterfeld selbst war, die diamantklare Quelle des erleuchteten Bewußtseins.
Milarepas Rigpa, Joshus Zen, Chuang Tsus Tao. Die tiefgründigen Namen verschiedener Kulturen für dasselbe namenlose Mysterium. Rigpa bedeutet nicht–duale Aufmerksamkeit. Zen ist die japanische Wiedergabe des chinesischen Ch'an, das wiederum eine Übersetzung des Sanskritwortes für Meditation ist: Dhyan. Und Tao wird als Weg wie auch als Sinn gedeutet. «Im Anfang war das Wort, und das Wort war bei Gott, und Gott war das Wort.» Das Wort ist das griechische Wort Logos.
Rigpa, Logos, Zen und Tao. Vier Wörter über dasselbe göttliche Zentrum. Vier Wege in die erleuchtete Quelle des Bewußtseins hinein. Nicht die nachtschwarze kompakte Kohle des Unbewußtseins, sondern der durchsichtige Diamant des höheren Bewußtseins. Nicht präsprachliche, präduale Einheit, sondern transsprachliche, transduale.
Milarepa, auf der Spitze des Berges tanzend, jenseits der Zeit. Im Tanz durch die Spiegelsäle des Bewußtseins, durch die Sehnsüchte all derer, die suchen. Milarepa, grün und häßlich von Nesseln, die ihn Monate ernährten; grün an Haut und Haar. Milarepa in der Quelle des Bewußtseins, eins mit den lachenden Meistern, eins mit

dem Christus der Liebe. Wie könnte sich ein Erleuchteter vom anderen unterscheiden? Wenn sie verschieden sind, dann sind sie nicht transdual. Ein und dasselbe Bewußtsein spiegelt sich in den verschiedenen Erleuchteten. *Ein* Bewußtsein, *ein* Gott, *eine* Liebe. Vereinigung nennen die christlichen Mystiker dieses Bewußtsein: Unio Mystica. Alle Mystiker sind Blätter desselben Baumes, dessen Wurzel Gott genannt wird. Das Ich hat für einen Augenblick – den Augenblick, der das Ich ist – diesen Zusammenhang vergessen. Das eine Blatt bekämpft das andere oder begehrt es – das Blatt, das doch am gleichen Baum, am selben Zweig hängt. Alle Menschen sind Mystiker. Manche erinnern sich dessen, andere vergessen es. Dem Baum aber sind alle Blätter gleich notwendig und gleich lieb.

Die höchsten Formen der Meditation in Tibet sind Mahamudra, der große, ultimative Gestus, und Dzogchen, die große Vollkommenheit. Beide Wege sind Teile des Atiyoga, der letzten kulminativen Übungspraxis des Bewußtseins. Es sind Wege, die über die letzte Strecke zur Bergspitze führen, wo sich die panoramahafte Weitsicht öffnet. Zunächst aber ist eine lange, mühsame Reise notwendig, vom Tal des gewöhnlichen Bewußtseins aufwärts durch unendliche Wälder und Abgründe, Berg um Berg, Anstieg um Anstieg; und nach jahrelanger Arbeit, nach der Übung vieler Leben, wird endlich die Baumgrenze erreicht. Die Entfaltung des Ich, seine Anpassung, sein Ausgleich, Therapie, Übungen, Arbeit an Energiebahnen, am Körper, Träume, Chakras, das Leben der Liebe, Selbstentwicklung. Und dann, an der Baumgrenze: die Welt loslassen, Ehrgeiz aufgeben, satt von Genuß und frei von Konflikten sein; die Investierungen in Wurzel, Hara und Solarplexus entspannen. Die Baumgrenze ist die Grenze des Ich, der faszinierende Grenzbereich des gewöhnlichen Bewußtseins mit seinen Erlebnissen von Licht, Sein, Leere. Am diesen äußersten Rand der vibrierenden Dualität beginnt nun Mahamudra oder Dzogchen den Weg nach oben über die letzten steinübersäten Bergkämme zu zeigen, hinauf zur ultimativen Vision – dem nondualen Bewußtsein. Und dieses höhere Bewußtsein ist die eigentliche Essenz des gewöhnlichen Bewußtseins. Es ist das innerste heimliche Wesen des Bewußtseins selbst, das in der meditationslosen Meditation freigesetzt wird. Der

Blick des Bewußtseins auf dem Berggipfel ist eins mit dem im Tal. Nur denkt dieses Talbewußtsein nicht daran. Es hat vergessen, was das Herz des Bewußtseins ist.

«Sei locker und natürlich.»
«Wenn man nichts sieht, während man in den Raum blickt;
und wenn das Bewußtsein dann das Bewußtsein betrachtet,
werden Unterschiede vernichtet
und der Buddhazustand erreicht.»
Sagt Tilopa in *Mahamudras Lied.*

Wenn das ganz gewöhnliche Bewußtsein sich nur vollkommen entspannen könnte, so sähe es sich selbst, wie es war, bevor es war. «Selig, der war, bevor er wurde». Sagt Jesus im Thomas-Evangelium.

«Im Schleier der Unwissenheit
scheinen der Sinn des Menschen
und der Buddhas
unterschieden.
Im Rigpa aber
sind beide von gleicher Art.
Einst werden sie einander begegnen.»

Das ganz gewöhnliche Bewußtsein ist ein Geheimnis, an das wir uns so sehr gewöhnt haben, daß es uns alltäglich vorkommt. Wir können nicht das sehen, was vor unseren Augen liegt.
Das Ich ist eine Puppe, in der der Schmetterling des Selbst schläft; es ist eine notwendige Stufe auf dem Weg zu Ich–loser Aufmerksamkeit, aber diesen Umstand hat es vergessen. Es glaubt, es sei das Ziel. Ohne Ich gibt es keine Verwirklichung des höheren Bewußtseins. Ohne Ich sinkt alles in das Paradies oder die Hölle des Unbewußten zurück. Sind Tiere in ihrer Unbewußtheit glücklich? Konflikte und Leiden sind notwendig, soll das Ich gereinigt und erweckt werden. Das macht sie nicht weniger qualvoll und aufreibend. Aber sie sind wohl kaum sinnlos. Das Feuer, das das Ich läutert, brennt, doch es hat einen Zweck.

«Ich ruhe in der Aufmerksamkeit
im Reich des Nicht-Denkens.
Ich ruhe mit bloßem Sinn ...
und suche nicht mehr Erleuchtung.»

Das Begehren nach Erleuchtung – so sagt Milarepa – ist das letzte Verlangen, das entspannt wird. Drang und Sehnsucht nach dem Göttlichen ist die letzte Welle im Bewußtsein. Legt sie sich, ist alles still und klar wie ein Diamant. Alles ist durchsichtig und ohne Grenzen wie die Unendlichkeit des Himmels. Die Quelle des Bewußtseins vereinigt sich endlich mit der der Liebe in der Befreiung des Bewußtseins: im Rigpa.

Bachs Kunst der Fuge

Unter dem allmählichen Voranschreiten der Fugen entsteht ein Urthema, das beständig im Hintergrund klingt, wie ein Matrix-Mantra. Einen solchen Klang hat keine Note des Werkes selbst. Dieses Urthema der Fugenkunst ist transmusikalisch. Es entsteht in der Quelle des Bewußtseins. Fugen, Kontrafugen, Spiegelfugen, alle kreisen sie um die Idee des Themas selbst. Das Werk ist in seiner Gesamtheit ein musikalischer Spiralnebel, dessen Dynamik an ein schwarzes Loch im Zentrum geheftet ist. Dieses Loch ist die transmusikalische, mystische Seite des Urthemas. Und diese platonische Idee der Fuge, die aus der Stille jenseits der Dimension der Töne kommt, strahlt unter dem musikalischen Prozeß des Werkes im meditativ lauschenden offenen Bewußtsein auf. Ist dies erst erkannt, so kann man es schon hinter dem ersten Grundthema der ersten Fuge wiedererkennen. Die *Kunst der Fuge* ist eine lange mystische Meditation über die Quelle aller Musik; die Quelle, die Gott genannt wird.

Yeshe Tsogyel

«Du weißt, daß ich im Sinn aller lebenden Wesen lebe; [...]
Da du mich nicht erkennst, objektivierst du mich als ein äußerliches Wesen.
Wenn du mich aber endlich entdeckst, das eine bloße Bewußtsein, das aus dem Innern entsteht,
dann durchdringt absolute Aufmerksamkeit das All.»

Eine Sufigeschichte berichtet von einem Mann, der den Schlüssel zu seinem eigenen Haus verloren hatte. Ein Freund kam vorbei und sah, daß er suchend um die Straßenlaterne vor dem Haus ging. Auf die Frage des Freundes, was er denn suche, sagte er: meinen Schlüssel. Hast du den denn unter der Laterne verloren? fragte der Freund. Nein, antwortete der Sucher – aber hier ist es wenigstens hell.
Genauso handelt das Bewußtsein. Man hat den Schlüssel verloren und sucht daher kluger- und verständlicherweise nach dem Glück. Man sucht nach dem Sinn des Lebens, reist umher und ist auf der Suche nach Befriedigung und Belehrung. Das Ich sucht immer außen – denn da ist es hell. Man sucht das Glück beim Partner, die Befriedigung in der Arbeit. Man betet zu einem Gott dort draußen. Man sucht einen Lehrer in Südindien. Und das Ich muß so handeln, weil es da sucht, wo es Licht gibt. Dort ging der Schlüssel aber nicht verloren – wäre das so, hätten wir ihn längst gefunden. Schon als Kind hätten wir ihn in einer Tüte mit Süßigkeiten entdeckt. Aber das Glück entzieht sich, dem Horizont gleich. Sein Abstand zum Ich ist konstant, wie weit dieses auch reisen mag.
Irgendwann einmal wird das Ich aber die Suche im Draußen leid; die Reise endet, es kommt zur Ruhe. Das ist die Zeit der Reife, die Zeit, in der die wahre Suche beginnt. Nun begreift das Ich endlich, daß es dort suchen muß, wo der Ursprung ist. Nicht nach außen, sondern nach innen. Nicht etwa nach innen in den Körper, das Chakrasystem, oder die Träume; auch nicht nach innen in Erlebnisse von Aura und Karma – all das ist immer noch nach außen.
Was wir Menschen auch kennen, was immer wir erfahren und welchen Dingen wir begegnen mögen, alles richtet sich nach außen.

Manches ist nach außen auswärts, anderes ist das bei geschlossenen Augen und Ohren; dennoch ist es auswärts.
Zuerst sucht das Ich eben dort, im Außen. Dann wird es müde und satt und sucht allmählich im Sinn; aber auch dies ist noch die verkehrte Richtung.
Der Film der Welt und Wirklichkeit hat zwei Leinwände: eine äußere und eine innere. Draußen begegnen wir der äußeren wunderbaren und fürchterlichen Wirklichkeit. Und drinnen, im Entwicklungskino, sehen wir den Film der inneren Wirklichkeit: Traumbilder, Karma, Aura, Chakren, Körperbewußtsein, Katharsis, Gefühle, Erlebnisse, Visionen, astrale Welten. All das ist Film auf der inneren Leinwand; ebenso wirklich, wunderbar und fürchterlich wie das Leben der äußeren Wirklichkeit.
Der rechte Weg aber ist, sich von der Leinwand zur Lichtquelle des Projektors zu wenden. Sieht man auf die Leinwand, so sieht man den Film, ob das nun die äußere oder die innere Leinwand ist. Das ist nicht Meditation. Es richtet sich nach außen. Es heißt den Schlüssel unter der Straßenlaterne suchen.
Wendet man sich vom Film ab, so sieht man in die Lichtquelle. Und dort gibt es keine Bilder. Bilder und Wirklichkeit entstehen und zerstreuen sich nach außen. Dies ist die Richtung des Ich, der dualen Funktion des Bewußtseins. Sie geht vom Zuschauer zur Leinwand, ob draußen oder drinnen.
Wendet sich der Zuschauer aber mit dem Rücken zur Leinwand, so sieht das Bewußtsein in den Ursprung des Films; sieht man in die Lichtquelle des Projektors, so sammeln sich die zerstreuten Bilder, und der Film wird zu einem einzigen Licht. Das ist die Richtung nach innen – weg vom Betrachteten und hin zum Betrachter. Das ist Meditation.
Und hier, in der Quelle, im Herzen des Bewußtseins, begegnet man den Erleuchteten.
Man kann einen Erleuchteten nicht draußen treffen. Dort begegnet man einem Du; und mit einem Du kann man sich in Zuneigung und Liebe treffen. Man kann ein Du lieben und mit ihm kämpfen; man kann mit ihm zusammen arbeiten. Wenn man aber einem Menschen oder einem lebenden Geist als Du begegnet und ihn erlebt, so sind

sie nicht als Erleuchtete gegenwärtig. Ein Ich wird nie einem Erleuchteten begegnen können. Es wird immer ein Du treffen.
«Wer von meinem Mund trinkt, wird werden wie ich, und ich werde wie er.» Sagt Jesus im Thomas-Evangelium.
Nur einwärts, in der Quelle des Bewußtseins, kann man einem Erleuchteten begegnen. Und in dieser Begegnung werden zwei zu einem. Der Erleuchtete teilt sein Bewußtsein mit dem, der sucht. Das ist das Geheimnis der Transmission.
In den exoterischen Traditionen ist Gott ein Du; in den esoterischen ist er das Bewußtsein der erleuchteten Einheit.

Christus und Buddha,
Theresa, Yeshe.
Verschiedene Namen
für ein und dieselbe Quelle.

Yeshe's Erleuchtung ruht in Padma, der in seiner Erleuchtung eins ist mit Singha, der in Manjusrimitra ruht, der in Garab Dorje durchsichtig ist, dessen höheres Bewußtsein aus dem blauweißen goldenen Primärfeld der diamantfunkelnden Erleuchtung kommt.

So trifft sich Milarepas Linie mit Yeshes. Sie begegnen sich rückwärts im Ursprung des Bewußtseins. Und sie begegnen sich vorwärts in unserer Zeit aufs neue in demselben erleuchteten Lama.

Formen der Dankbarkeit

Dankbarkeit an Meister Eckehart, von dem ich Klarheit zu lernen versuche, und an Bruder Franz, von dem ich mit Bewunderung, doch geringem Erfolg Demut lernen will.
Dank an Yeshe Tsogyel und Padma Sambhava für die Gaben des Tantra und an Klara und Franz für das Verwandlungsgeheimnis der Liebe.
Dank an die Meister des Mahamudra und an die unvergleichlichen Meister des Dzogchen: Garab Dorje, Manjusrimitra, Shri Singha,

Pema Jungne, Pema Tsal und an ihre Manifestationsform als Longchen Rabjam; und nicht zuletzt, doch in direkter Transmission, Dank an Urgyen Tulku, der freigiebig das erleuchtete Bewußtsein mit einem Anfänger teilte und sich die Mühe machte, die letzten Zweifel zu beseitigen.
Dank an Lao Tsu und Chuang Tsu für das unausleerbare Tao ihrer Weisheit; Dank an Joshu, weil er uns wach hält; Dank an Ramana Maharshi, daß er den Weg weist, und noch einmal Dank an Franz für seine Art, diesen Weg zu gehen. Und Dank an Rumi, weil es ihn gibt.
Dank an Theresa von Avila, Hildegard von Bingen und Katherina von Siena für erleuchtete Gefühle und erleuchtete Intuition, für wunderbare und erschreckende Visionen und für ihre psychologische Klarheit. Und schließlich Dank an Bach für die Kunst der Fuge und die erhabene Mystik der h-Moll-Messe.

Bruder Franz

Ein einfaches Gebet

«Herr, mache mich zu einem Werkzeug für deinen Frieden.
Wo Haß ist... laß mich Liebe säen.
Wo Beleidigung ist... Vergebung.
Wo Streit ist... Einheit.
Wo Zweifel ist... Glauben.
Wo Irrtum ist... Wahrheit.
Wo Verzweiflung ist... Hoffnung.
Wo Betrübnis ist... Freude.
Wo Dunkel ist... Licht.

Göttlicher Meister, gib, daß ich nicht so sehr suche
getröstet zu werden... wie zu trösten.
Verstanden zu werden... wie zu verstehen.
Geliebt zu werden... wie zu lieben.

Denn
Durch Geben... empfangen wir.
Durch Verzeihen... wird uns verziehen.

Durch den Tod... werden wir zu ewigem Leben geboren.»

kolophon

Ein Kolophon ist ein Nachwort, das beispielsweise Informationen über die Herkunft des ihm voranstehenden Textes enthalten kann; und eben darum geht es in diesem Kolophon.

Dieses Buch besteht aus drei Teilen: dem Text, seinem Kommentar und einer Dokumentation. Der Text ist meditativ–intuitiv, gewissermaßen eine Essenz des gesamten Inhaltes. Der Kommentar hält sich an eine quasi–wissenschaftliche Sprachebene, eine Beschreibung des Weges vom gewöhnlichen zu höherem Bewußtsein; sein Anliegen ist dasselbe wie das des Buches *Höheres Bewußtsein*. Die Dokumentation ist, wie schon erwähnt, kaleidoskopisch geordnet und in ihrer Sprachebene lyrisch–ekstatisch.

Das Buch schöpft aus vielen Quellen, was jedem deutlich geworden sein dürfte, der bis zum Ende durchgehalten und es gründlich gelesen hat.

Zunächst und vor allem sind es die eigenen Erfahrungen des Verfassers. Fast zwanzig Jahre täglicher Meditation liegen dem Buch zugrunde. Unzählige Male hat sich der Verfasser in täglicher aktueller Meditation dem im Text beschriebenen Prozeß unterzogen.

Dann stützt sich der Text auf ein umfangreiches Material, das von den vielen tausenden von Menschen stammt, mit denen ich Kontakt aufnehmen durfte – Menschen, die mich über Jahre in Zusammenhängen von Unterricht und Kursus aufsuchten.

Desweiteren fand ich – wie deutlich aus der Dokumentation hervorgeht – Hilfe und Inspiration in den Schriften der vielen Erleuchteten, christlicher wie heidnischer, gläubiger und nicht gläubiger.

Vermutlich gibt es noch zwei weitere Quellen. Zwischen einem Autor und seinem Leser sollte möglichst eine Kommunikation stattfinden. Nun ist Kommunikation über ein Thema wie Meditation und höheres Bewußtsein aber eine recht komplizierte Sache. Vielleicht ist es, wenn auch nicht unmöglich, doch im Grunde gar nicht anzuraten, sich damit zu befassen. Kierkegaard vertrat die Auffassung, daß DIE WAHRHEIT sich überhaupt nicht direkt mitteilen lasse, weil sie eben darin liege, daß man sie sich aneignet. Daher müsse man sich auf sokratische Weise indirekt mitteilen. In einem seiner Bücher schreibt er in vollem Ernst, die vernünftigste Weise, die Wahrheit mitzuteilen, bestehe darin, daß man mitten auf dem Marktplatz auf dem Kopf stehe und dann seine Wahrheit aus dieser umgekehrten Position verkünde. Entweder würden die Zuhörer diese Aussage nämlich dann einfach abweisen: «Wie kann denn daran etwas sein, wenn er auf dem Kopf steht?» Oder aber sie verstünden tatsächlich, was gesagt werde, d.h. sie eigneten es sich an und ignorierten den, der es sage: «Er ist ja vielleicht verrückt, aber irgend etwas ist doch daran!»

In Århus setzte ich mich einmal auf eine Bank am Rathaus, auf der schon zwei andere Männer saßen. Der eine schien zu angeln, obwohl er weder Schnur noch Angel hatte. Ich blickte diskret den anderen Mann auf der Bank an; der fing meinen Blick auf und sagte leise: «Ja – er glaubt, daß es hier etwas zu fischen gibt. Ich habe versucht ihm klarzumachen, daß das nicht so ist!» Eine eindeutige Kommunikation: wir waren uns beide einig, daß der Fischer ohne Schnur und Angel vielleicht doch nicht so ganz ernstzunehmen war. Kurz darauf zog der Angler seine imaginäre Schnur ein und sagte halblaut: «Kein Anbiß. Kein Fisch. Vielleicht probierens wir's anderswo.» Und mein heimlicher unbekannter Verbündeter sagte prompt: «Dann rudere doch weg, Mann!», worauf er im übertragenen Sinn mit eingebildeten Rudern paddelte.

Erst da begriff ich: mein Freund meinte offensichtlich, daß es in diesem Wasser keine Fische gebe; rudere man aber etwas näher an das Rathaus – ja, dann könne man vielleicht etwas fangen.

Mag sein, daß ich es nicht einmal selber war, der auf der Bank in Århus saß, obwohl ich doch zumindest jahrelang in dieser Stadt gewohnt habe. Vielleicht hat es nie drei Männer gegeben, die auf einer Bank saßen und sich so unterhielten oder sich eben nicht unterhielten. Aber diese Geschichte sagt mir sehr viel, und sie sagt etwas darüber, daß man glaubt, man verständige sich; in Wirklichkeit oder in einer anderen Wirklichkeit ist das aber eben nicht der Fall.

Die ersten drei Quellen des voranstehenden Textes sind unmittelbar

verständlich. Die beiden anderen aber lassen sich weniger leicht in Worte fassen. Das hat mit dem basalen Phänomen zu tun, das wir Transmission genannt haben; und die gehört vielleicht zu den Dingen, die sich nach Kierkegaard nicht direkt mitteilen lassen. Nur wenn jemand sie selber erlebt hat, wird sie begreifbar. Sie ist ein Mysterium, nicht etwa weil sie besonders geheim wäre, sondern weil sie für das gewöhnliche Bewußtsein nur ein Wort ist. Macht man also genauere Aussagen über Transmission – Aussagen, die über das hinausgehen, was wir zu sagen oder nicht zu sagen versucht haben –, so gleicht man schnell dem Fremden auf der Bank, der glaubt, er sei sich mit seinem unbekannten Partner einig, daß man hier nicht angeln könne.
Im Text wurden zwei Formen der Transmission erwähnt: einmal eine, die direkt aus dem höheren Bewußtsein kommt, zum anderen eine, die über einen bereits erleuchteten lebenden Lehrer vermittelt wird. Diese beiden Arten der Transmission sind zwei weitere eventuelle Quellen des Wissens darüber, was Meditation und höheres Bewußtsein eigentlich sind. Die ersten drei Quellen, die wir vorher erwähnten, sind in sich selber eigentlich wenig nützlich. Im Grunde kann man sie erst dann als Quellen bezeichnen, wenn bereits eine Transmission erfolgt ist. Man mag zwanzig, dreißig oder vierzig Jahre lang täglich meditieren – das nützt nichts, wenn dieses entscheidende Ereignis der Transmission nicht eintritt. Man mag so viel Material über meditierende Menschen sammeln, wie man will – es bedeutet nichts für die existentielle Aneignung. Selbst wenn man auch alle Mystiker dieser Erde lesen würde, käme man der Erkenntnis, was höheres Bewußtsein eigentlich ist, nicht einmal um Haaresbreite näher. Ohne eine der beiden letztgenannten Quellen sind also die ersten drei vollständig nutzlos, wenn es darum geht zu erkennen, was eigentlich die Quelle des Bewußtseins ist.
Will man erfahren, was höheres Bewußtsein, die Befreiung des Bewußtseins und seine Herkunft bedeuten, so sind folglich nur die beiden letztgenannten Wissensquellen authentisch. Und wenn unser Text authentisch sein will, so muß er sich auf mindestens eine von ihnen stützen.
Um abschließend das Geheimnis der Transmission genauer zu beleuchten, will ich versuchen, eine buddhistische Vorstellung zu be-

schreiben, die ich überaus interessant finde. Es geht hier um eine besondere Form der Transmission. Vielleicht handelt es sich in diesem Ideenkomplex nur um eine spezielle Form dieser Erscheinung. Vielleicht kann man hierdurch aber auch eine wichtige Aussage zu jeder möglichen Form der Transmission machen. Darüber kann ich nichts verläßliches sagen. Aber selbst mit dieser Unsicherheit, die darin begründet ist, daß ich im Vergleich zu den alten fortgeschrittenen Meditationsmeistern ein bloßer Anfänger bin, kommt es mir relevant vor, trotzdem etwas darüber zu sagen.

Die folgende Darstellung stützt sich auf eine Abhandlung von Tulku Thondup Rinpoche: *Hidden Teachings of Tibet.*

Der Buddhismus vertritt die These, daß erleuchtete Meister die Fähigkeit haben, Lehrschätze in verschiedenen Dimensionen zu verbergen; besonders begabte Menschen können diese dann Jahrhunderte später ans Licht befördern, als Gewinn und Wachstum für sich selber, vor allem aber für ihre Schüler. Die Texte des Prajnaparamita zum Beispiel soll Buddha in der Naga–Dimension verborgen haben, aus der sie nach Jahrhunderten von Nagarjuna hervorgeholt wurden. Auch von dem tantrischen Meister Saraha wird berichtet, daß er verborgene Weisheit der Vorzeit gefunden habe. Ideen dieser Art finden sich mit anderen Worten bereits im Mahayana-Buddhismus in seiner indischen Phase. Diese eigentümliche Lehre reifte dann in Tibet zur vollen Blüte heran.

Die treibende Kraft in diesem Prozeß war Padma Sambhava, der im sechsten Jahrhundert den Buddhismus von Indien nach Tibet brachte. Er verbarg tausende von Texten und Informationen in verschiedenartigen Medien und arbeitete mit hunderten von hochentwickelten Schülern auf sehr bewußte und genaue Weise; dadurch sollten diese in späteren Inkarnationen in der Lage sein, das verborgene Wissen an den Tag zu bringen, um es in ihrem eigenen Erleuchtungsprozeß wie auch bei dem anderer anzuwenden.

Dieses bewußt verborgene Wissen wird Terma genannt, Schatz; Texte dieser Art heißen Termatexte. Jemand, der derartiges Wissen ans Licht zu ziehen vermag, wird als Tertön bezeichnet, als einer, der verborgene Schätze hervorholt.

Was ist nun der eigentliche Zweck dieser bemerkenswerten Pädagogik?

Er ist eng mit dem zentralen Problem meditativer Unterweisung verknüpft: der Transmission des höheren Bewußtseins. Dieses Mysterium geschieht in der Regel durch eine direkte Verschmelzung der Bewußtheit eines bereits erleuchteten Lehrers mit der seines Schülers. Das ist, wie gesagt, bis heute auf unserer Erde die weitaus geläufigste Form dieses Phänomens. In selteneren Fällen erfolgt die Transmission direkt aus dem nicht–physischen höheren Bewußtsein durch spontane Initiation und Visionen, die den Charakter einer Offenbarung haben.

Das höhere Bewußtsein wird also in der überwiegenden Mehrheit der Fälle von Lehrer zu Schüler übertragen und weitergeführt. Daraus ergeben sich Ketten von diachronem erleuchtetem Bewußtsein. Es gibt derartige Linien, die sich ununterbrochen über mehr als zweitausend Jahre erstrecken; Linien, die, wenn sie auch bedroht sind, auch heute noch wirksam sind. Ketten von solchem Charakter sind aber verletzlich. Die Umstände können es schwierig, ja bisweilen unmöglich machen, diese kostbaren Linien des Bewußtseins weiterzuführen. Als Bodhidharma im fünften Jahrhundert von Indien nach China wanderte, so tat er das, wie man berichtet, um die Weiterführung einer der von Buddha begründeten direkten und speziellen Linien zu sichern – jener Linie, die in der Transmission zwischen Buddha und Mahakasyap begann. Bodhidharma hatte in seinem höheren Bewußtseinszustand erkannt, daß es in China eine Möglichkeit der Weiterentwicklung gab; deswegen nahm er den Weg auf sich. Zehn Jahre wartete er ruhig auf den richtigen Schüler. Zehn Jahre lang saß er vor einer Mauer und erwartete den günstigen Augenblick, in dem sich die drei Echtheiten treffen konnten. Und endlich kam sein Schüler.

Diese langen diachronen Linien der Transmission sind verletzlich. Und das ist einer der entscheidenden Gründe dafür, daß erleuchtete Lehrer nach anderen Wegen von größerer oder wenigstens ebenso großer Sicherheit suchen.

Wird der Prozeß dem Zufall oder der Evolution überlassen, so wird ihn eine andere Art der Verletzlichkeit treffen. Das können wir im Westen in der christlichen Mystik beobachten. Wieder und wieder blüht der Christusimpuls synchron in einzelnen Erleuchteten wie

Franz und Theresa auf. Ihre Wirkung, wie sie sich in den Klosterbewegungen abzeichnet, ist aber bedroht und störungsanfällig.
In der unmittelbaren Folgegeneration der ersten Schüler kann sich die Pädagogik in vollem Umfang entfalten, wie wir im Verhältnis von Franz und seinen Zwölfergruppen und von Theresa und ihren ersten zwölf Nonnen sehen können. Doch schon in der zweiten Generation, nach dem Tod des Stifters, verblaßt das Phänomen in der Regel wieder.
Die Pädagogik der Evolution ist also in den diachronen Linien der Transmission ebenso gefährdet wie in ihren nicht lenkbaren synchronen einzelnen Blüten.
Diese uralte und wohlbekannte Problematik bildet den Hintergrund für das Verständnis der Terma–Pädagogik. Hier wird in gewissem Sinne der Versuch unternommen, zwei Strategien miteinander zu verbinden. Der erleuchtete Lehrer strebt danach, eine Technologie des Bewußtseins zu entwickeln, die größere Sicherheit und Kontrolle des Ereignisses der Transmission garantiert.
Einiges deutet, wie schon gesagt, darauf hin, daß das höhere Bewußtsein kumulativ ist, ähnlich einem Schneeball, der den Berg hinunterrollt – es wächst, während es sich entwickelt. Das Ich nennt diese akkumulierende Eigenschaft Evolution. In den östlichen Systemen wird sie Karma genannt – nicht das pendelnde kompensative Karma, das Samsara, sondern das progressive Karma, das zur Reifung des Bewußtseins beiträgt (vgl. Jes Bertelsen, *Selvets Virkelighed*).
Unterweisung in Meditation und höherem Bewußtsein hat eine doppelte Zielsetzung. Einerseits hilft sie dem einzelnen Menschen in seinem Erwachen; sie trägt aber auch, wenn auch nur in bescheidenem Maße, dazu bei, die generelle Entwicklung des Bewußtseins zu fördern, ebenso wie die Idee des Bodhisattvatums und das damit verbundene Gelübde.
Auch die Arbeit erleuchteter Lehrer an der Sicherung einer Transmission des Bewußtseins hat folglich dieses doppelte Ziel.
Padma Sambhavas Terma–Pädagogik bemühte sich also darum, das Phänomen der Transmission über die Jahrhunderte zu sichern, indem er den Strom des Bewußtseins auf bestimmte Weise verschlüsselte.
Das höhere Bewußtsein ist in einem seiner Aspekte transzendent für

Zeit und Raum. Hier finden Worte wie Evolution, Transmissionslinie und Entwicklung sicherlich keine sinnvolle Verwendung.
Aber dieses Bewußtsein hat auch einen dualen Aspekt. Hier, in dieser Ich–bildenden Funktion des Bewußtseins, macht es Sinn, von Evolution, Transmissionslinien und Erwachen zu reden.
Jeder Mensch funktioniert mehr oder weniger wach in beiden Dimensionen. Meditation und Transmission ereignen sich zwischen diesen beiden Aspekten des Bewußtseins: dem höheren erleuchteten und dem dualen Ich–haften.
Evolution und Karma sind gewissermaßen die Dialektik zwischen den beiden Funktionen des Bewußtseins.
Padmas pädagogische Frage ist: kann man auf den nondualen Aspekt des Bewußtseins derart einwirken, daß er in späteren Inkarnationen seinen dualen Partner anrufen und einen dialektischen Prozeß einleiten wird, der in einer spontanen inneren Transmission kulminiert? Seine Antwort lautete, daß das möglich sein müsse. In gemeinschaftlicher Arbeit mit denjenigen seiner Schüler, deren Entwicklung die größten Fortschritte gemacht hatte, unternahm er nun ein solches überaus interessantes Experiment.
Sollte sich das überhaupt durchführen lassen, so mußte der Schüler eine bestimmte Stufe innerhalb des meditativen Prozesses erreicht haben. Wir wollen annehmen, daß er wenigstens blitzhafte Augenblicke der Transmission erlebt hatte. Wie wir sahen, bedeutet dies, daß Erlebnisse von punktuellem Charakter eines Lichtblitzes das Bewußtsein erleuchtet haben – Satori oder Illumination. Dies zumindest mußte erfolgt sein. Doch hatte der Prozeß bessere Aussichten, wenn der Schüler das Rigpa zu einem Zustand entwickelt hatte; was bedeutet, daß er imstande war, sich selbst in Ich–transzendente Zustände höheren Bewußtseins von längerer Dauer zu bringen – Samadhi oder Ekstase.
Der Ort, wo dieses großangelegte Experiment entwickelt wurde, war das Hauptkloster in Samye in Tibet. Sein zentrales Gebäude hatte drei Etagen. Dieser Aufbau bezog sich auf die Synthese der drei damaligen buddhistischen Hauptlinien: der indischen, die Padma selbst repräsentierte, der chinesischen, deren Impulsträger der erwähnte Bodhidharma war, und dem tibetischen Potential. Um das

zentrale Gebäude lagen zwölf kleinere Tempel und vier große Stupas; das ganze wurde von einer Mauer umkränzt, in der sich 108 kleine Stupas befanden (Thondrup, S. 53). Alle diese Zahlen und Proportionen hatten ihre Bedeutung innerhalb des Mandalas, das unter anderen Dingen bei diesem Experiment verwendet wurde – wobei es natürlich verinnerlicht wurde durch Visualisierungsübungen und durch Rhythmisierung der Energie und des Atems.
Der dritte Dodrup Chen Rinpoche (1865-1926) beschreibt in seinem autoritativen Werk über den Terma-Prozeß, *Wonder Ocean*, die entscheidende Beziehung zwischen Padma und seinen Terma-Schülern folgendermaßen: «Die wahre Bedeutung einer Bewußtseinsüberführung ist eben die Transmission erleuchteten Bewußtseins, das heißt die Überführung von Unterweisung aus dem erleuchteten Bewußtseinsstrom des Guru in die Bewußtheiten seiner Schüler. Guru Rinpoche übertrug und sicherte die Leistung oder Macht dieser Unterweisungen, indem er sie mit der leuchtenden natürlichen Wachheit (Rigpa) oder der unzerstörbaren Essenz (Tigle) des Gemütes der Schüler verband, so daß sie durch nichts zerstört werden können [...] Es ist eine außerordentliche Übertragung [...] so daß die Bewußtheit des Lehrers und die des Schülers unzertrennbar werden.»
In der Transmission wurde erleuchtete Information in den höheren Bewußtseinsaspekt des Schülers integriert. Das geschah entweder in der Essenz des Bewußtseins, die wir als eine Art Keim des Bewußtseins auffassen können, als Tigle, Bindu, einen kosmischen Punkt, der wohlgemerkt in augenblickshaften Erlebnissen voller Wachheit wie Satori oder Illumination aktualisiert wurde. Oder aber es geschah im weiter entfalteten höheren Bewußtsein, im Rigpa oder in Meisterfeldern, die selbstverständlich in Zuständen des Samadhi, der Ekstase oder von Erlebnissen der Initiation aktualisiert wurden. Wir wissen aus den Beschreibungen zahlreicher Mystiker, daß im Augenblick der Illumination eine unfaßbar große Menge an Information ins Bewußtsein überführt oder aus einem bestimmten Zustand aktualisiert wird.
In westlicher, quasiwissenschaftlicher Formulierung könnte man sich vielleicht vorstellen, daß ein solcher Punkt des Bewußtseins eigentlich ein Punkt des Austausches zwischen den dualen und den trans-

dualen Funktionen des Bewußtseins ist. Solche kosmischen Punkte (Tigle, Bindu) enthalten also eine Art Bohm'scher eingefalteter Ordnung in sich. Es sind Punkte einer ungeheuren Menge an Information, die sich hier einfaltet und komprimiert.
In gleicher quasiwissenschaftlicher Sprachführung könnte man die mehr entfalteten höheren Zustände des Bewußtseins als hologrammatische Funktionsweisen seiner selbst bezeichnen; das Bewußtsein wäre also im Ich dual und nicht holographisch, während es in seiner höheren Funktion hologrammatisch wäre. Populär gesagt würde die holographische Funktionsweise des Bewußtseins bedeuten, daß die Bewußtheiten aller Menschen: derer, die schon gelebt haben, wie derer, die noch leben (und derer, die noch leben werden?), in einem Feld miteinander verbunden sind, das es ermöglicht, von jeder einzelnen Bewußtheit aus die gesamte Informationsmenge des Bewußtseins zu erreichen. Ein schon an sich schwindelerregender Gedanke, der die Benennung des höheren Bewußtseins als kosmisch durchaus berechtigt erscheinen läßt.
Padmas pädagogische Bewußtseinstechnologie zielt darauf ab, mit den fortgeschrittensten seiner Schüler ein wegbares Feld höheres Bewußtseins zu erschaffen. Es ist, als baue er ein Raumschiff des Bewußtseins, das nicht nur im Raum, sondern auch in der Zeit reisen kann.
Der zentrale Punkt der Terma–Pädagogik ist also eine besondere Form gelenkter Transmission, in der Lehrer und Schüler gemeinsam das höhere Bewußtsein zeitlich vorwärts zu richten versuchen.
Dies in sich selbst reicht aber keineswegs aus, um ein konstruktives oder voraussehbares und geordnetes Ergebnis Jahrhunderte später in der dualen Zeitspur wahrscheinlich zu machen – in einer Zeitspur, die, wie wir uns erinnern, für das erleuchtete Bewußtsein in seinem reinen transzendenten Aspekt nicht den Charakter der Wirklichkeit hat. Arbeit ist notwendig – auch im Grenzbereich zwischen dem individualisierten dualen Bewußtsein, dem Ich in Fleisch und Blut, und dem transdualen universalen Bewußtsein. Es geht ja gerade darum, auf das individualisierte Bewußtsein in einer möglichen zukünftigen Manifestationsform Einfluß auszuüben.
Auf der Verständnisebene dieses Buches nehmen wir an, daß das er-

leuchtete universale Bewußtsein die Quelle aller anderen Manifestationen des Bewußtseins ist – sei es nun Ich–Bewußtsein, das Unbewußte, astrales Bewußtsein, Traumbewußtsein, Trance, Hypnose oder was immer.

Es müßte nun also darum gehen, die Wahrscheinlichkeit zu erhöhen, daß ein zukünftiger Prozeß der Individuation eine bestimmte Form annehmen kann; eine Form, die es dem höheren Bewußtsein ermöglicht, das Gedächtnissystem zu beeinflussen und so dazu beizutragen, daß die ursprüngliche Transmission reaktualisiert würde.

Durch sein Studium der Prozesse von Geburt und Tod entdeckte Padma Methoden, die sich aller Wahrscheinlichkeit nach anwenden ließen. Diese Methoden können vielleicht in unserem westlichen Sprachgebrauch beschrieben werden, indem wir auf die archetypischen Strukturen im kollektiven Unbewußten und auf die bipolaren Strukturen innerhalb der Sexualität hinweisen.

Nicht nur die fundamentale Bewußtseinstransmission, die den höheren Bewußtseinsaspekt von Lehrer und Schüler in Wachheit miteinander verknüpfte, wurde hierdurch beeinflußt; auch auf das archetypische Muster in seinem individualisierten Aspekt wurde eingewirkt. Jeder Mensch verfügt gewissermaßen in seinem kollektiven Unbewußten über alle Archetypen, die im Grunde fraktale, selbstähnliche Variationen des übergeordneten Archetypus des Selbst sind. Zugleich aber ist anzunehmen, daß jeder einzelne Mensch ein individualisiertes Muster, eine besondere Kombination von Archetypen aufweist. Alle Schneeflocken sind Variationen sechseckiger Strukturen, doch nie gleicht eine Schneeflocke der anderen – zumindest habe ich das so gelesen. Entsprechend wird die Individualität eines einzelnen Menschen, sein Ich, sein Körper, von einem individualisierten archetypischen Muster getragen. Auf eben dieses Muster kann man in höheren meditativen Zuständen einwirken; ein derartiger Einfluß wird nicht nur den Prozeß des Todes prägen, der in diesem Falle bewußter und manipulierbarer wird; er wird auch Wirkung haben auf eine mögliche spätere Re–Individualisierung des Bewußtseinsstroms in seinem universellen Aspekt.

Der erleuchtete Lehrer hält im Bewußtsein einen gleichzeitigen Kontakt mit dem Rigpa des Schülers und mit seinem individualisierten archetypischen Muster. Diese beiden Dimensionen oder Aspekte des

Bewußtseins werden, mit anderen Worten, durch den Identitätskontakt mit dem erleuchteten Bewußtsein des Lehrers ganz bewußt miteinander verknüpft.

Die zweite unbewußte Triebkraft der Evolution ist die Sexualität, das heißt das zweipolige System. Soll ein brauchbares Ergebnis erzielt werden, so muß auch dieses System mit der Dimension des erleuchteten Bewußtseins verbunden werden. Das wird möglich durch das sexuelle Tantra, dessen unübertroffener Meister Padma Sambhava war. Und es versteht sich, daß er diese Meisterschaft an seine Schüler weitergab; hierüber gibt es umfangreiches Informationsmaterial, etwa in Yeshe Tsogyels Autobiographie.

Wir können uns leicht vorstellen, wie die Terma–Transmissionen in den tantrischen Zuständen der Transformation verkörpert wurden, in denen die Schüler lernen, einen Weg in die Quelle des Bewußtseins zu finden. Die mit Abstand wichtigste Funktion des Tantras ist, dem Schüler Gelegenheit zu einem Lernprozeß zu geben: er soll sich auf dem Hauptstrom der sexuellen Energie treiben lassen, um sich dann mit dieser Kraft im Rücken nach innen in das Rigpa zu erweitern; hierdurch wird die sexuelle Polarität neu strukturiert.

In der Zusammenarbeit zwischen dem erleuchteten Meister und den höher entwickelten Schülern wurde erleuchtete Information konserviert– primär im nondualen Bewußtseinsaspekt des Schülers, sekundär in der astral–archetypischen Dimension als symbolische Prägung, tertiär in der zweipolig–sexuellen, pranisch–chakramäßigen Struktur.

Auf rein physischer Basis verbarg Padma an vielen Orten Gegenstände, Figuren und Schriften. Diese physischen «Schätze», die Erd–Termas, hatten auch die Funktion, daß spätere Tertöns sich an ihre Primärtransmission erinnerten.

Terma–Texte werden in zwei Gruppen eingeteilt: Erd–Termas (Sa–Ter) und reine Bewußtseins–Termas (Gong–Ter). Hier beschäftigen wir uns mit den letzteren.

«Zur rechten Zeit erwacht die Transmission aus ihrem Aufmerksamkeitszustand im Bewußtsein des Tertöns. Manchmal geschieht das Erwachen durch Visionen symbolischer Schriften, den Klang symbolischer Worte oder gewisse andere Anlässe.» Dies verweist auf den symbolisch–astralen Aspekt .

Die tantrische Dimension wird folgendermaßen angedeutet:
«Die Unterstützung durch einen Partner hat einen doppelten Zweck. Zunächst einmal trägt sie durch die tantrische Übung dazu bei, die Weisheit der Vereinigung großer Seligkeit mit großer Leere herzustellen und zu erhalten, wodurch der Adept den ultimativen Zustand erreicht. Zum zweiten läßt sich eine verwirklichte Person, die das notwendige spirituelle Streben hat, als Partner eines Tertöns gebären, um in der Aufgabe zu helfen, die profunden esoterischen Lehren zu entdecken, zum Gewinn der glücklichen Schülerschar.»
Auf der Basis dieser Andeutungen läßt sich einiges darüber vermuten, welche die charakteristischen Merkmale eines Tertöns sind. Es ist ein Mensch, der mit einem latenten erleuchteten Wissen geboren wird, das auf einer ursprünglichen direkten Transmission beruht.
«Der Tertön besitzt die Transmission der Lehre schon vor ihrer Entdeckung.» Es hat den Anschein, daß der Lebenslauf eines solchen Menschen durch das verborgene Wissen des nondualen Bewußtseinsaspektes bestimmt wird. Dieser geheime Wissensschatz wird wie ein Magnet das astrale und das mentale Bewußtsein polarisieren und ein intensives Suchen nach dem versteckten Geheimnis auslösen. Wie sich in den Biographien der unterschiedlichen Tertöns nachweisen läßt, wird sich diese Suche schon in der Kindheit vollziehen. In der Geschichte Tibets gibt es hunderte derartiger Prozesse der Erleuchtung.
Die magnetische Suche wird den reifer werdenden Tertön zu einem tantrischen Leben führen. In der Regel lebten die tatsächlichen Tertöns in familienähnlichen Strukturen – wie das in der Nyingmalinie üblich war – und mit tantrischen Partnern. Die tantrischen und meditativen Prozesse werden die betreffenden Menschen zur Praxis der Dzogchen-Meditation führen. Das wird in *Wonder Ocean* klar formuliert:
«Darum ist es unmöglich, die profunden Termas des Guru Rinpoche zu erlangen, wenn man nicht eine sublime Realisation als Basis für die Kontrolle der Dharmasphäre durch Aufmerksamkeit (Rigpa) hat.»
Auf der Basis zielbewußter meditativer Suche wird ein Tertön schließlich den Punkt erreichen, wo sich die verschiedenen notwendi-

gen Umstände fokussieren; es erfolgt die Wiedererinnerung und damit Reaktualisierung der ursprünglichen Transmission. Gleichzeitig mit diesem Ereignis werden Visionen der Symbole, die ursprünglich mit der Transmission verknüpft waren, wiederbelebt und dem Bewußtsein des Tertön erscheinen.

Laut Evans-Wentz sagte Padma folgendes über die kommenden Tertöns: «Der Geburt eines Tertön folgt unmittelbar der Tod seines Vaters oder seiner Mutter.»

Um die tiefe psychologische Bedeutung eines solchen Ereignisses zu verstehen, mag der Leser gedanklich zu den Andeutungen zurückkehren, die wir machten, als wir von Bassui, Ramana Maharshi und Theresa von Avila sprachen. In der meditativen Pädagogik dieser hochentwickelten Ebene ist es sicherlich konstruktiv, den spontanen Zusammenhang mit dem elterlichen Ursprung sofort zu unterbrechen.

Wie wir aus dem Leben der Mystiker wissen, kann dies auf vielerlei Weise geschehen; in den meisten Fällen stirbt einer der Eltern oder beide, oder das Kind wird von seinen biologischen Eltern entfernt, wie Bassui; oder aber es erlebt selbst einen Zustand der Todesnähe, der es aus dem unmittelbaren, natürlichen Zusammenhang der Familie reißt. Ein solcher Bruch der organischen, ruhenden Verwurzelung mit der tatsächlichen Familie und mit den Archetypen der Eltern veranlaßt gewisse Kinder zu einer Suche nach einem tieferen Ursprung. Dieser Impuls ist ein nützliches Mittel der Pädagogik, um die magnetische Suche nach dem verborgenen Eigentlichen im Typus des Tertön zu wecken.

Nun ahnt der Leser vielleicht allmählich die möglichen allgemeinen Implikationen dieser ansonsten recht spezialisierten Lehre über den Tertön–Prozeß.

Fast sieht es so aus, als habe Padma Sambhava in seiner eigentümlichen Pädagogik um die Terma–Transmissionen eine vielleicht allgemeine Mechanik der Transmission und der Evolution entdeckt, die möglicherweise nicht einmal von Mystikern und Erleuchteten ganz verstanden wird.

Vielleicht enthält jede authentische Transmission, ob sie nun von physischer oder nichtphysischer Ebene ausgeht, im Grunde die gleichen Strukturen und Möglichkeiten, die Padma und sein hochentwickelter Schülerkreis erforschten und anwendeten. Sollte dies der Fall sein, so werden manche Dinge verständlich und noch mehr Dinge möglich, wenn es darum geht, die Entwicklung und Verbreitung der Transmission höheren Bewußtseins bewußt zu steuern und in diesem Bereich zu manövrieren.

Betrachten wir beispielsweise den Christusprozeß und seine Auswirkungen etwa auf Franz und Theresa, so werden wir, falls wir Padmas Vorstellungen als universal anerkennen, zu einem tiefen Verständnis des Sachverhalts kommen, warum Franz so magnetisch auf die Stigmatisierung fixiert war; entsprechend können wir ahnen, warum Theresa durch Maria und Josef zum Christusimpuls geführt wurde. Wir würden uns vielleicht sogar fragen, wo die engsten Schüler Christi im Laufe der Geschichte blieben; wir würden fast unvermeidlich die Spiralen um den Christusimpuls entdecken, in denen sich die zwölf Jünger befanden, und wir würden entdecken, wie sich diese Spiralen weiterbewegen in der Entwicklungsgeschichte und den Ausdrucksformen des Christusimpulses.

In diesem Licht scheint das progressive Karma von Gesetzmäßigkeiten durchwoben zu sein, die, wenn sie nur verstanden würden, zu einer meditativen Pädagogik von großem Interesse für ernsthaft meditierende Menschen führten.

Das Selbstverständnis eines Menschen hängt unter anderem davon ab, welchen Elementen seiner Biographie Bedeutung beigemessen wird.

Versucht man, sich selbst und sein Leben tiefenpsychologisch zu verstehen, so sucht man nach Anzeichen eines Ödipuskomplexes, nach Inzest, Schock und Traumata. Denn diese Art von Zeichen kann man lesen, sie können Sinn vermitteln. Man buchstabiert sein Leben mit tiefenpsychologischen Lettern und findet folglich auch einen tiefenpsychologischen Sinn.

Fischt man mit einer bestimmen Art künstlicher Fliege, so angelt man eine bestimmte Fischart.

Buchstabiert man mit Archetypen, so versteht es sich, daß man einen Sinn in oder durch Archetypen findet. Aber die Begrenzung, die im Bezugsrahmen liegt, taucht auch im sich ergebenden Sinn auf.

Hat man eine Perspektive und eine Sprache, die Begriffe wie progressives Karma, Terma–Transmission und höheres erleuchtetes Bewußtsein beinhalten, wird man unwillkürlich spontane Spuren und Lichtblitze in seiner Biographie erfassen und kultivieren, die sich ganz anderen Dimensionen des Bewußtseins öffnen als denen, die man etwa durch die tiefenpsychologischen Kategorien erreichen kann; diese sind zwar als Vorbereitung notwendig, aber eben weil sie ausreichend sind, reichen sie paradoxerweise nicht aus.

Beginnt man die Erforschung seiner selbst mit einer Lebensanschauung, einem Paradigma, das das Ich als das Höchste und Letzte der Welt setzt, so wird man mit großer pädagogischer Wahrscheinlichkeit zu der Erkenntnis gelangen, daß das eigene Leben einem bestätigt, daß das Ich die höchste und letzte Form des Bewußtseins ist.

Vater und Mutter, Ödipus und Narziß, Inzest und Archetypen, Ich und Gesellschaft, Geburt und Tod – stellen in ihrer Summe die Pädagogik des Ich dar. Das ist eine Strategie, die zur Suprematie des Ich führt und sie bestätigt. Sollen das Selbst und die höheren Zustände des Bewußtseins verallgemeinert werden, so muß sich die gesamte pädagogische Grundlage ändern. Es muß ein pädagogischer Wechsel des Paradigma eintreten. Es reicht nicht, mit einem Weltbild zu leben, in dem nur Tiefenpsychologie, allgemeine Psychologie, exoterische Religiosität und materialistische Lebensauffassung Geltung haben. Sollen meditative Zustände höheren Bewußtseins allgemeines Eigentum werden – und das scheint notwendig für die globale Entwicklung des Bewußtseins –, so muß sich die pädagogische Perspektive erweitern. Pädagogik, Therapie, Entwicklung und Psychologie müssen bei den Mystikern mehr darüber lernen, wie man auch die Biographie organisieren und das Bewußtsein neu strukturieren kann. Wie man fischt, so fängt man.

Das Urbild für diesen Wechsel des Paradigmas vom gewöhnlichen Ich–Bewußtsein zum höheren Bewußtsein finden wir in einer der schönsten Geschichten des Evangeliums:

«Da er aber an dem Galiläischen Meer ging, sah er Simon und Andreas, seinen Bruder, daß sie ihre Netze ins Meer warfen; denn sie waren Fischer. Und Jesus sprach zu ihnen: ‹Folget mir nach; ich will euch zu Menschenfischern machen.› Alsbald verließen sie ihre Netze und folgten ihm nach.»

Wenn man für das Ich und die eigene Familie fischt, fängt man für das Ich und die Familie.
Wenn man nach dem Selbst und nach der Menschheitsfamilie fischt, fängt man das Selbst und seine Mitmenschen.
Und wenn man nach dem höheren Bewußtsein fischt, so findet man Freiheit.
Es gibt eine Pädagogik, die zur Befreiung des Bewußtseins führt. Man muß die eigene Biographie und das Leben so lesen, daß man nicht nur die Wurzeln des Ich findet, sondern auch Spuren und Zeichen des Selbst. Bewußtseinstransmission ist die Quelle, das Werkzeug, das die Einsicht in die sonst verborgene Quelle freigeben kann. Also:
Das Bewußtsein wird befreit durch meditative Einsicht in die Quelle des Bewußtseins.

literatur

Aristoteles: *Nikomachische Ethik*, Hamburg, Meiner 1985.

Augustinus: *Confessiones/Bekenntnisse*, München, Kösel [3]1966.

Bertelsen, Jes: *Indre Tantra*, Valby, Borgen 1985.

Bertelsen, Jes: *Höheres Bewußtsein*, Basel, Sphinx 1993.

Bertelsen: Jes: *Traumarbeit und Meditation*, München, Kösel 1988.

Bertelsen, Jes: *Selvets Virkelighed*, Valby, Borgen 1988.

Chuang Tsu: *Inner Chapters*, by Gia–Fu Feng and Jane English,New York, Random House 1974.

Dowman, Keith: *Sky Dancer –The Secret Life and Songs of the LadyYeshe Tsogyel*, London, Routledge & Kegan Paul 1984.

Dumoulin, Heinrich: *Zen*, Bern, Francke 1959.

Dürrenmatt, Friedrich: *Der Tunnel*, (1.Version), Zürich, Arche 1952.

Eckehart, Meister: *Deutsche Predigten und Traktate*, Darmstadt, WBG 1969.

Evangelien: *Die heilige Schrift*, Aschaffenburg, Pattloch 1980.

Evans-Wentz, Walter Y.: *Tibetan Book of the Great Liberation*, London, Oxford University Press 1975.

Feldenkrais, Moshe: *Bewußtheit durch Bewegung*, Frankfurt/Main, Suhrkamp 1990.

Goethe, Johann Wolfgang von: *Faust*, Hamburg, Chr.Wegner 1963.

Heidegger, Martin: *Sein und Zeit*, Tübingen, Niemeyer 1963.

Hui Neng: *The Sutra of Hui Neng*, in: The Diamond Sutra (Book One) and the Sutra of Hui Neng (Book Two), Boulder, Shambala 1969.

Hume, David: *A Treatise of Human Nature*, London, Oxford University Press 1964.

Joyce, James: *Ulysses*, Frankfurt/Main, Suhrkamp 1979.

Jørgensen, Johannes: Den hellige Frans af Assisi, Kopenhagen, Gyldendal 1907.

Kant, Immanuel: *Kritik der reinen Vernunft*, Hamburg, Meiner 1990.

Kapleau, Roshi Philip: *Die drei Pfeiler des Zen*, Bern/München: Barth/Scherz o.J.

Kierkegaard, Sören: *Philosophische Brosamen und Unwissenschaftliche Nachschrift*, München, DTV 1976

Laotse: *Tao te king*, Übers. u. m. e. Kommentar von Richard Wilhelm, München, Diederichs 1978

Maharshi, Ramana: *The Teachings of Ramana Maharshi*, edited by ArthurOsborne, London, Ryder & Co.1975.

Martinus: *Det Tredje Testamente*, Valby, Borgen 1982–92.

Milarepa: *The Hundred Songs of Milarepa*, Boulder, Shambala 1977.

Plato: *Siebenter Brief*, in: Sämtliche Werke Bd. 1, Hamburg: Rowohlt 1957/91.

Prajnaparamita (anonym): *Prajnaparamita*, Buddhist Wisdom Books (ed. Conze), London, Ruskin House 1975.
Reps, Paul: *Ohne Worte – ohne Schweigen*, Bern/München, Scherz/Barth [9]1993.
Rilke, Rainer Maria: *Die Gedichte*, Frankfurt/Main, Insel 1986.
Ryle, Gilbert: *Der Begriff des Geistes*, Reclam o.J.
Schopenhauer, Arthur: *Die Welt als Wille und Vorstellung*, in: SämtlicheWerke 1–6, München, Piper 1911.
Suzuki, D.T.: *Zen*, Hamburg, Rowohlt 1958.
Tauler, Johannes: *Predigten 1–2*, Jena, Diederichs 1913.
Tilopa: The Song of Mahamudra, in: *Tantra*, ed. Bhagwan Shree Rajneesh, Bombay, Rajneesh Foundation Publications 1975.
Theresa: Den hellige Teresa af Avilas liv, Kopenhagen, Sct. Ansgars Forlag 1982.
Thomas-Evangelium, in: Schneemelcher, Wilhelm: *Neutestamentliche Apokryphen 1*, Mohr (Siebeck), Tübingen 1987.
Thondup Tulku, Rinpoche: *Hidden Teachings of Tibet*, Wisdom Publ. 1976.
Wilber, Ken: *Halbzeit der Evolution*, Bern/München, Scherz 1984.
Wittgenstein, Ludwig: *Tractatus Logico-Philosophicus*, in: Schriften, 1, Frankfurt/Main, Suhrkamp 1960.
Zimmer, Heinrich: *Der Weg zum Selbst*, München, Diederichs 1976.